豐子愷人生語錄

# 藝術篇

一幅幅的漫畫，就如同一首首的小詩——帶核兒的小詩。你將詩的世界東一鱗西一爪地揭露出來，我們這就像吃橄欖似的，老覺着那味兒。

——朱自清

# 序

## 人生短，藝術長

豐子愷，中國現代文化藝術大舞台上一個響亮的名字。他以卓絕的藝術修養和堅韌不拔的創作意志，一生涉及美術、文學、音樂、書法、翻譯等各個藝術領域，並且都取得了傑出的成就。同時，他作為一代高僧弘一大師（李叔同）的得意弟子，在佛學上也具有很深的造詣，實可謂不可多得的文化藝術全才。早在二十世紀四十年代，日本著名漢學家吉川幸次郎在讀了他的隨筆後就認為：「我覺得，著者豐子愷，是現代中國最像藝術家的藝術家。」事實上，世間大眾對這位最像藝術家的藝術家並不陌生。這是因為，豐子愷早已為世人留下了難以計數的、雅俗共賞的漫畫作品以及眾多的散文、藝術隨筆、藝術論著和翻譯作品等。

豐子愷（一八九八—一九七五），浙江省石門縣玉溪鎮（今桐鄉市石門鎮）人。祖上自浙江金華遷入，世代均為詩書禮樂之家。其父為清朝末代舉人，家有祖傳染坊。自幼在家鄉以「小畫家」聞名，未滿十六歲即在《少年雜誌》發表寓言四篇，可謂少年之才俊。一九一四年，他以優異的成績考入浙江省立第一師範學校，師從李叔同先生學習圖畫音樂，從夏丏尊先生習文學。一九一九年與吳夢非、劉質平共同創辦上海專科師範學校，同年參與發起成立中華美育會，次年參與編輯《美育》雜誌。一九二一年春赴日本遊學十個月。回國後先後在浙江省上虞春暉中學、上海立達學園等校任教。一九二二年發表簡筆畫於春暉中學《春暉》校刊，一九二五年在上海《文學週報》發表畫作多幅，被冠名為「子愷漫畫」。一九二五年出版第一本漫畫集《子愷漫畫》，隨後出版畫冊甚多。一九二七年皈依弘一大師，並開始與弘一大師共同創作《護生畫集》（上海譯文出版社於二〇一二年九月重新整理推出了新一版《護生畫集》）。一九三一年出版第一部隨筆集《緣緣堂隨筆》，一九三三年春在故鄉石門新建緣緣堂，所作隨筆通稱為「緣緣堂隨筆」。撰寫、翻譯藝術論著甚多，並擅長書籍裝幀、音樂普及和書法。一九三七年十一月，故鄉遭日軍轟炸，遂率全家輾轉逃難。其間曾任桂林師範學校教師、浙江大學副教授、國立藝術專科學校教授等職。抗戰勝利後，全家於一九四六年秋重返上海。一九四七年春卜居杭州靜江路（今北山路）。一九四八年秋赴台灣旅行並舉辦畫展，後轉赴廈門。一九四九年四月初赴香港請葉恭綽先生題《護生畫三集》並舉辦畫展，同月下旬回上海定居，直至一九七五年病逝。曾任上海美術家協會主席、上海中國畫院首任院長、第三屆全國政協委員等職。

豐子愷的一生是藝術的一生，他對中國現代藝術的貢獻巨大。他撒下了無數顆藝術的種子，為後人留下了無價的精神財富。如今的讀者，真的要感謝豐子愷先生為世人留下的這些精彩而又豐富的精神食糧。在他的一生中，曾出版過一百七十餘種文學、繪畫、藝術理論、日記、翻譯等各類著述，若加上他人編輯出版的書籍，其數量可達二百餘種。可知，豐子愷確實如同論者所說的，是文化藝術領域中的一位「辛勤的播種者」。

豐子愷的漫畫曾受多位日本畫家的影響，尤其是竹久夢二，豐子愷以為，讀其畫，胸襟為之一暢，「彷彿苦熱中的一杯冷咖啡」。豐子愷漫畫的藝術特色，首先是意到筆不到的意韻追求，寥寥數筆，人物的形態卻躍然紙上。他自己說過：「作畫意在筆先，只要意到，筆不妨不到，有時筆到了反而累贅。」其次是他的漫畫具有很強的文學性。他以為「文學之中，詩是最精彩的」。「古人云：『詩人言簡而意繁。』我覺得這句話可以拿來準繩我所歡喜的漫畫。我以為漫畫好比文學中的絕句，字數少而精，含意深而長。」豐子愷重視文學與繪畫的融通之關係。他曾專門出版過一本叫《繪畫與文學》的書（一九三四年五月開明書店版）。他認為：「各種藝術都有通似性。而繪畫與文學的通似性尤為微妙。探究時頗多興味。」豐子愷作漫畫，有許多更是以文學本身的詩句為題，其畫也便隨着有了更濃的文學味了。三是豐子愷漫畫具有書法筆意。豐子愷是畫家，也是書家。他的畫自成一家，他的書法同樣別具一格。而且，研究豐子愷的漫畫，不能不研究他的書法。因為，豐子愷漫畫的藝術特色在很大程度上是有賴於其書法的絕妙配合。豐子愷的書法，舒展有度，佈局妥帖的書藝，讀來很是悅目。

豐子愷的隨筆在內容上是與其漫畫創作同步的。他的隨筆，總是選取自己熟悉的生活題材，無論是兒童生活，還是社會生活，他總是取其片段，以自己的所感，用最樸質的文字坦率地表達出來，傾注了一股真摯而又深沉的情感，同時又不乏哲理性的文句，很容易打動讀者的心靈並引起共鳴。文學界對他的隨筆好評多多。如趙景深在《豐子愷和他的小品文》中說：「他不把文字故意寫得很艱深，以掩飾他那實際內容的空虛。他只是平易的寫去，自然就有一種美，文字的乾淨流利和漂亮，怕只有朱自清可以和他媲美。以前我對於朱自清的小品非常喜愛，現在我的偏嗜又加上豐子愷。」郁達夫在編選《新文學大系．散文二集》時收入豐子愷的五篇散文，即《漸》《秋》《給我的孩子們》《夢痕》和《新年》。郁達夫在評點文字中說：「浙西人細膩深沉的風致」在豐子愷的散文裏得到了體現，又說「人家只曉得他的漫畫入神，殊不知他的散文清幽玄妙，靈達處反遠出在他的畫筆之上」。豐子愷的漫畫和隨筆，或將傳統詩詞意境融於作品之中，或體味兒童意趣展現童心世界，或細緻觀察人間萬相投諸筆端，或充溢鄉土情懷描繪家國風情，抑或懷揣慈悲精神追求護生護心旨趣。對於他而言，漫畫與隨筆如同孿生姊妹。

豐子愷還撰寫或翻譯了大量的藝術理論著作，其中有音樂方面的，也有美術方面的；有綜合藝術，也有藝術史傳等。他在這方面的貢獻，「像給緊閉的房屋打開了一扇小窗」（丁善德語），而葉聖陶在《豐子愷文集》序言裏也說：「在三十年代，子愷兄為普及音樂繪畫等藝術知識寫了不少文章，編了好幾本書，使一代的知識青年，連我這個中年人也包括在內，受到了這些方面很好的啟蒙教育。」在藝術理論上，豐子愷也有自己的追求。首先是藝術的大眾化，以為藝術作品需要「曲高和眾」，而不應該是「曲高和寡」，甚至還認為：「今後世界的藝術，顯然是趨向着『大眾藝術』之路。文學上早已有『大眾文學』的運動出現了。一切藝術之中，文學是與社會最親近的一種。它的表現工具是『語言』。這便是使它成為一種最親近社會的藝術的原因……故將來世界的繪畫，勢必跟着文學走大眾藝術之路，而出現一種『大眾繪畫』。大眾繪畫的重要條件，第一是『明顯』，第二是『易解』」；三是藝術的現實化，以為「美術是為人生的。人生走到哪裏，美術跟到哪裏。」「文藝之事，無論繪畫，無論文學，無論音樂，都要與生活相關聯，都要是生活的反映，都要具有藝術的形式，表現的技巧，與最重要的思想感情。藝術缺乏了這一點，就都變成機械的、無聊的雕蟲小技。」

豐子愷還是一位書法家。很多人喜歡他的書法。巴金說過：「一九三〇年我翻譯的克魯泡特金《自傳》脱稿，曾託索非轉請豐先生為這書寫了封面題字，我不用說我得到他的手跡時的喜悦。」許欽文也有介紹，他在談及書籍裝幀藝術家陶元慶的逝世時說：「陶元慶於一九二九年八月逝世，我們把他公葬在玉泉道旁，墓碑和『元慶園』三字都請豐先生寫，因為大家喜歡看他的字。」豐子愷自述曾認真地臨摹過《張猛龍碑》《龍門十二品》《魏齊造像》等許多碑帖。他認為：書法「是最高的藝術……藝術的主要原則之一，是用感覺領受。感覺中最高等的無過於眼和耳。訴於眼的藝術中，最純正的無過於書法。訴於耳的藝術中，最純正的無過於音樂。故書法與音樂，在一切藝術中佔有最高的地位」。基於這樣的認識，豐子愷一向很重視書法。他承認，在畫筆滯頓時，總是要寫寫毛筆字，力求從書法藝術中領悟出一些作畫的味道。對此，朱光潛給出了證據，他介紹說：「書畫在中國本有同源之說。子愷在書法上曾下過很久的功夫。他近來告訴我，他在習章草，每遇在畫方面長進停滯時，他便寫字，寫了一些時候之後，再丟開來作畫，發現畫就有長進。懂書法的人都知道筆力須經過一番艱苦的訓練才能沉着穩重，墨才能入紙，字掛起來看時才顯得生動而堅實，雖像是龍飛鳳舞，卻仍能站得穩。」豐子愷漫畫上的題書，其實也與其畫是一對孿生兄弟。他的畫如沒有他的題書，絕不會有現在大家公認的美感。對於練習書法，豐子愷很看重精神與個性。他在《書法略說》中明確闡述道：「一般人學書法，大都專拿碑帖來臨摹，老是一筆一筆地照樣描寫。這方法很不好。因為這樣只能學得字的皮毛，不能學得字的精神。要學字的精神，必須多看。」他又說：「有些人寫字，死板地臨摹古人碑帖，學得同碑帖分不出來。這人決不能成為書法大家。因為依樣畫葫蘆，失去了自己的個性。」其實，他撰寫《書法略說》也是他重視普及書法的體現，文章從中國字的特色、書法的變化，到歷代書法大家、碑帖的學法、筆的用法乃至行間與章法等都介紹得十分詳細，對初學書法者具有很好的啟發意義。

以往，對於這樣一位辛勤播種者播下的「種子」的收集和整理，除了各地出版單位出版的各種文集、畫集等之外，主要集中在二十世紀九十年代初浙江文藝出版社、浙江教育出版社聯合出版的《豐子愷文集》（藝術卷四卷、文學卷三卷）和此後京華出版社出版的多卷本《豐子愷漫畫全集》之中，此後又有《豐子愷全集》出版。誠然，以上文集、全集等已經為廣大讀者提供了作為現代中國的重要作家、畫家、藝術教育家和翻譯家的豐子愷的創作面貌。對於研究界而言，更全面準確認識、評判豐子愷的時代已經到來。但對於普通讀者而言，讀其作品，並感悟其人生與藝術的態度，除了精讀文本之外，或許還可以用別種方式來獲取，出版社也可以用別樣的呈現方式來實現，以期使讀者在豐子愷的作品中更清晰明瞭地領悟其在為人處世和在藝術上的精妙之處，並由衷地體會其作為藝術家的真率和對世間萬物豐富的愛。

所謂別種呈現方式，在以往也有不少人在嘗試。比如在編選方面，以漫畫為例，有諸如兒童、社會、護生等專題畫集；在作品詮釋方面，既有對於其漫畫的文字尋繹，也有對其經典隨筆作品的品讀筆記等。誠然，這些嘗試都有助於讀者對豐子愷的理解，但有一種方式則相對比較別致，即以豐子愷經典語錄彙編的形式展現其對人生與藝術的態度。這樣的嘗試，豐子愷長子豐華瞻、長女豐陳寶都做過。前者出版了《豐子愷論藝術》，後者在刊物上發表過豐子愷藝術語錄。二者的共同特點都是在豐子愷浩瀚的藝術文獻中選取最值得記取的經典段落，從中凸顯豐子愷的藝術見解，有益於讀者把握豐子愷的藝術觀念和人生追求。這樣做的好處，很可以採用他人對豐子愷的評判來作一反證。評論家們對豐子愷人生與藝術的評論可謂多矣，但人們卻往往記住的是評論家們評論文章中的經典段落。比如評論家論豐子愷漫畫，俞平伯「以詩題作畫料，自古有之；然而借西洋畫的筆調寫中國詩境的，以我所知尚未曾有。有之，自足下始」「『漫畫』，在中國實是一創格；既有中國畫風的蕭疏淡遠，又不失西洋畫法的活潑酣姿……譬如青天行白雲，捲舒自如」；朱自清「一幅幅的漫畫，就如同一首首的小詩——帶核兒的小詩。你將詩的世界東一鱗西一爪地揭露出來，我們這就像吃橄欖似的，老覺着那味兒」；泰戈爾「豐子愷的漫畫是詩與畫的具體結合，也是一種創造……高度藝術所表現的境地，就是這樣」。無論是在哪個時期，這些論述，幾乎都成了人們評判豐子愷漫畫的經典名句。其實，豐子愷自己的精彩語錄也是如此，一句或一段經典說詞，往往就能傳遞生活或藝術的真諦。比如豐子愷談藝術：「大藝術家的少年時代必然富有藝術的素養。倒轉來說：少年時代必須充份具有藝術的環境與教養，長大起來才能成為大藝術家。」（這是在總結了藝術家成長規律後得出的具有普遍性意義的結論）再比如他談人生：「做人不能全為實利打算。全為實利打算，換言之，就是只要便宜。充其極端，做人全無感情，全無意氣，全無趣味，而人就變成枯燥、死板、冷酷、無情的一種動物。這就不是『生活』，而僅是一種『生存』了。」（如今國家大力張揚美育，此語實可謂是十分通俗易解的闡釋）如此等等，豐子愷的人生與藝術語錄，充滿着人生睿智和藝術真諦，是如今人們感悟人生、發揚藝術的絕好的「通俗教材」。

本書是豐子愷幼女豐一吟老師從豐子愷著述中精選出來的語錄，內容涉及豐子愷談藝術、談繪畫、談文學、談音樂、談書法與金石、談詩詞、談兒童、談人生哲理與抗戰、談閒情和談弘一與宗教。[1] 就藝術與人生而言，實可謂無所不談了。相比較豐華瞻和豐陳寶的選本，此集更為全面，含括內容更廣泛。如果說當年豐子愷見到日本漫畫家竹久夢二的畫作時，以為讀其畫，胸襟為之一暢，「彷彿苦熱中的一杯冷咖啡」，那麼我相信，如今讀者在讀了這些豐子愷有關藝術與人生的語錄時，亦會像在困倦的午後品嘗了一杯香濃的甜咖啡，頓覺身心為之一振：人生和藝術是那麼美好！

**陳星**

二〇一八年九月二十二日於杭州

*〈序〉作者為杭州師範大學教授，弘一大師、豐子愷研究中心主任。

① 本書繁體字版分為「藝術篇」、「生活篇」二冊。

# 目錄

# 第一章

# 談藝術

兒童看見月亮，說是一隻銀鈎子。詩人也說「一鈎新月掛梧桐」。兒童看見雲，當它是山。詩人也說「青山斷處借雲連」。但兒童是真個把新月當作銀鈎子，有時會哭着要拿下來玩，真個把雲當作山，有時會哭着要爬上去玩。藝術家則不然，他但把眼前景物如是描寫，使它發生趣味。在人生中，趣味實在是一件重要的事體，如果沒有趣味，件件事老老實實地、實實惠惠地做，生活就嫌枯燥。這也是人生需要藝術的原因之一。

——《藝術的眼光》

畫人分為兩種：具有藝術思想，能表現人生觀的，稱為「畫家」，是可敬佩的。沒有思想，只有技巧的，稱為「畫匠」。

——《一飯之恩》

「感情移入」說的意思，是說我們把移入於自然物象中的感情當作物象所有的客觀的性質而感受，因而得到美感。更進一步，我們把自然當作我們的心的展開的原因而感受，就可把自然看作「絕對精神」了。何以故？因為在這時候我們必然是把自然看作我們的真的根元的。這是藝術的意識所必經的道程。

——《中國美術的優勝》

藝術創作的時候，必先從某自然中受到一種靈感，然後從事發現。全無何等靈感而動手刻劃描寫，其工作不成為藝術，而僅為匠人之事。倘學畫的人只知多描，學詩的人只知多作，而皆閒卻了用心用眼的功夫，其事業便捨本而逐末，而事倍功半了。在藝術創作上，靈感為主而表現為從，即觀察為主而描寫為從，亦即眼為主而手為從。故勤描寫生，不如多觀自然；勤調平仄，不如多讀書籍。胸襟既廣，眼力既高，手筆自然會進步而超越起來。所以古人學畫，有「讀萬卷書，行萬里路」的訓話。可知藝術完全是心靈的事業，不是技巧的功夫。

——《新藝術》

在真的藝術心看來，世界是活動，自然是具有靈氣的。鄧椿的《畫繼》中說「世徒知人之有神，而不知物之有神」，明示着藝術家的根本精神的「自然的生命觀」，「世界的活物觀」的意義，誠可謂明達之言！

——《中國美術的優勝》

先有了可貴的感想，再用巧妙的言語來表出，即成為好詩。用巧妙的形狀色彩來表出，即成為好畫。這好詩與好畫便是好「藝術」。不然，倘只有美德（即只有可貴的感想）而沒有技術（即巧妙的心手），其人固然可敬，但還未為藝術家。

——《桂林藝術講話之一》

相當的誇張不但為藝術所許可，而且是必要的。因為這是繪畫的靈魂所在的地方。

——《畫鬼》

人散後，一鈎新月
天如水。

我們愛好藝術的人，常常追求高等感覺的快美。所以歡喜看畫，歡喜讀書，歡喜聽樂，歡喜看戲。

——《我的燒香癖》

我不愛這辦法。把天空遨翔的動物禁錮在立方尺內，讓牠哀鳴掙扎，而認為樂事，到底不是好辦法。與其養鳥，遠不如點香。

——《我的燒香癖》

必須是多數人共感的美，方能成為藝術。同感的人愈多，其藝術愈偉大。

——《藝術的性狀》

我教藝術科，主張不求直接效果，而注重間接效果。不求學生能作直接有用之畫，但求涵養其愛美之心。

——《教師日記》

大藝術家的少年時代必然富有藝術的素養。倒轉來說：少年時代必須充份具有藝術的環境與教養，長大起來才能成為大藝術家。

——《畫家的少年時代》

摹仿照相而畫的低級繪畫，不是藝術的繪畫。因為這裏面只有客觀的形象而沒有主觀的創意。用主觀的創意來描寫的人物風景並重的繪畫，才是藝術品。

——《讀丏師札記》

美術家不拘嚴肅之禮儀，行止自由，飲食自由，都不肯注意於經濟便宜禮貌等事，亦都不肯事生產作業之事。緣此皆妨其身體之自由也。故美術家宜為遊蕩之生活，無時間之拘束乃可。

——《畫家之生命》

美術家有怪僻之嗜好，必須培之，不可力遏之。

——《畫家之生命》

「多樣統一」的原則，就是說過於多樣的散亂，過於統一的散亂，均不美，又多樣，又統一，方才發生美感。五加五是統一而無變化，一加九是變化而不統一，三加七或六加四，才是又統一，又多樣。

——《美術的照相》

藝術不是技巧的事業，而是心靈的事業；不是世間事業的一部份，而是超然於世間之表的一種最高等人類的活動。故藝術不是職業，畫家不是職業。故畫不是商品，不是實用品。故練畫不是練手腕的，是練心靈的。看畫不是用眼睛看的，是用心靈看的。

——《西洋畫的看法》

所謂藝術的生活，就是把創作藝術、鑒賞藝術的態度來應用在人生中，即教人在日常生活中看出藝術的情味來。

——《關於學校中的藝術科》

「生活」是大藝術品。繪畫與音樂是小藝術品，是生活的大藝術品的副產物。故必有藝術的生活者，方得有真的藝術的作品。

——《關於學校中的藝術科》

知識、道德，在人世間固然必要；然倘缺乏這種藝術的生活，純粹的知識與道德全是枯燥的法則的綱。這綱愈加繁多，人生愈加狹隘。

——《關於學校中的藝術科》

「人生短，藝術長。」藝術教育，就是教人以這藝術的生活的。

——《關於學校中的藝術科》

藝術教育是很重大很廣泛的一種人的教育。

——《關於學校中的藝術科》

凡事不耐勞苦，決不能得豐富的收成：貪圖小成，往往失去大利；趣味低淺，決不能親近高尚的藝術。

——《關於兒童教育》

平常的人，平常的地方，平常的東西，都有美的樣子。

——《西洋名畫巡禮》

寫生畫是「真實的畫」。熟練了寫生畫之後，別的畫就都會描。

——《西洋名畫巡禮》

在畫家，「氣韻生動」是作畫的根本義，苦心經營，都為了這點。

——《中國美術的優勝》

諧調的畫面，即「多樣統一」的境地。「多樣統一」者，就是各塊，各線，各點，大小，形狀，性質各異，而全體卻又融合為一。這就是所謂「一有多種，二無兩般」（《碧岩頌》）的妙理。所謂「一即二，二即一」，所謂「一多相」，似是佛經上的玄妙之談，其實並無甚麼玄妙，並不荒唐，也並不難懂。在我們日常所接觸的藝術的繪畫中，處處可以證實這個道理。

——《西洋畫的看法》

我以為美術家與民眾可以直接交通。美術家可以直接向民眾宣傳，為民眾說教。

——《對於全國美展的希望》

只是青雲浮水上
教人錯認作山看
子愷

楊柳梢頭
能有春多少
子愷畫
緣緣堂畫箋
1948.TK

染於蒼則蒼
染於黃則黃
子愷畫
緣緣堂畫箋
TK

折取一枝城裏去
教人知道是春深
子愷畫

製作漫畫，必須先立意，後用筆。換言之，即學習漫畫，第一要修養思想，第二要修養技術。這兩種修養，缺一不可。

——《漫畫的學程》

美的滋味，在口上和筆上決不能說出，只得由各人自己去實地感受了。

——《從梅花說到美》

有人說：人們不是為了悲哀而哭泣，乃為了哭泣而悲哀。在藝術上也有同樣的情形：人們不是感到了自然的美而表現為繪畫，乃表現了繪畫而感到自然的美。

——《從梅花說到藝術》

世間往往有出了許多力，費了許多金錢，而反受識者的譏笑的愚舉。富商的家裏購備着紅木的傢具，然不解趣味，其陳設往往惡俗不堪。好時髦的女郎盲從流行而競尚新裝，然不辨美惡，有時反而難看，其徒勞着實可憐！

——《為甚麼學圖畫》

所謂感情移入，就是說我們對於美的自然或藝術品，能把自己的感情移入於其中，沒入於其中，與之共鳴共感，這時候就經驗到美的滋味。我們又可知這種自我投入的行為，在兒童的生活中為最多。他們往往把興趣深深地沒入在遊戲中，而忘卻自己的飢寒與疲勞。

——《美與同情》

世界倘沒有了美術，人生將何等寂寥而枯燥！美術是感情的產物，是人生的慰安。它能用慰安的方式來潛移默化我們的感情。

——《繪畫之用》

現代人要求藝術與生活的接近。中國畫在現代何必一味躲在深山中讚美自然，也不妨到紅塵間來高歌人生的悲歡，使藝術與人生的關係愈加密切，豈不更好？

——《談中國畫》

自古以來的一切藝術都是宣傳。

——《從墳到店》

技術是日積月累的功夫，不是可以取巧的。

——《為中學生談藝術科學習法》

藝術家要在自然中看出生命，要在一草一木中發見自己，故必推廣其同情心，普及於一切自然，有情化一切自然。

——《顏面》

美術是用眼觀賞的形式與色彩所構成的藝術，音樂與之相對，是用耳聽賞的聲音所構成的藝術。

——《音樂的意義》

藝術對於人心都有很大的感化力。音樂為最微妙而神秘的藝術。故其對於人生的潛移默化之力也最大。

——《音樂與人生》

真的美術的繪畫，其本質是「美」的。美是感情的，不是知識的，是欣賞的，不是實用的。所以畫家但求表現其在人生自然中所發見的美，不是教人一種知識；看畫的人，也只要用感情去欣賞其美，不可用知識去探究其實用。真的繪畫，除了表現與欣賞之外，沒有別的實際的目的。

——《繪畫之用》

「藝術」與「藝術家」興，而藝術始衰矣！出「藝術」之深宮，辭「藝術家」之尊位，對稚子而教之習藝，執途人而與之論美，談言微中，亦足以啟發其生知之本領，而歸復其人生之常情。是則事事皆可成藝術，而人人皆得為藝術家也。

——《藝術漫談．序》

卑俗的美，一見觸目蕩心，再看時一覽無遺，三看令人欲嘔。高尚的美，則初見時似無足觀，或竟嫌其不美，細看則漸入佳境，終於令人百看不厭。

——《為中學生談藝術科學習法》

美術是為了眼睛的要求而產生的一種文化。故人生的衣食住行，從表面看來，好像和眼睛都沒有關係，其實件件都同眼睛有關。越是文明進步的人，眼睛的要求越是大。

——《圖畫與人生》

麵包是肉體的食糧，美術是精神的食糧。沒有了麵包，人的肉體要死。沒有了美術，人的精神也要死。

——《圖畫與人生》

人生不一定要畫蘋果，香蕉，花瓶，茶壺。原不過要借這種研究來訓練人的眼睛，使眼睛正確而又敏感，真而又美。然而拿這真和美來應用在人的物質生活上，使衣食住行都美化起來；應用在人的精神生活上，使人生的趣味豐富起來，這就是所謂「藝術的陶冶」。

——《圖畫與人生》

有生即有情，有情即有藝術。故藝術非專科，乃人人所本能；藝術無專家，人人皆生知也。

——《藝術漫談．序》

藝術家必須以藝術為生活。換言之，必須把藝術活用於生活中。這就是用處理藝術的態度來處理人生，用寫生畫的看法來觀看世間。因此藝術的同情心特別豐富，藝術家的博愛心特別廣大，即藝術家必為仁者，故藝術家必惜物護生。

——《桂林藝術講話之一》

游春人在畫中行
子愷於西湖作
緣緣堂畫箋

文藝之事，無論繪畫，無論文學，無論音樂，都要與生活相關聯，都要是生活的反映，都要具有藝術的形式，表現的技巧，與最重要的思想感情。藝術缺乏了這一點，就都變成機械的、無聊的雕蟲小技。

——《版畫與兒童畫》

「藝術家」不限於畫家，詩人，音樂家等人。廣義地說，胸懷芬芳悱惻，以全人類為心的大人格者，即使不通一筆，不吟一字，不唱一句，正是最偉大的藝術家，體會「自古皆有死，民無信不立」之理，而在這神聖抗戰中見義勇為，作壯烈之犧牲者，正是最偉大的藝術家之一。

——《桂林藝術講話之一》

真正的藝術，必兼備「善」和「巧」兩條件。善而不巧固然作不出藝術來，巧而不善更沒有藝術的資格。善而又巧，巧而又善，方可稱為藝術。

——《桂林藝術講話之二》

紅了櫻桃綠了芭蕉
TK

藝術教育的大教室
TK 1940

藝術能自然地減殺人的物質迷戀，提高人的精神生活。

——《藝術必能建國》

道德與藝術異途同歸。所差異者，道德由於意志，藝術由於感情。故「立意」做合乎天理的事，便是「道德」。「情願」做合乎天理的事，便是「藝術」。

——《藝術必能建國》

藝術家的修養功夫，由此亦可想而知：先須具有芬芳的胸懷，高尚的德性，然後磨練聽覺、視覺、筋覺。如此，方可成為健全的藝術家。

——《桂林藝術講話之二》

世人往往把「美」與「奇」兩字混在一起，攪不清楚。其實奇是罕有少見，不一定美。美是具足圓滿，不一定需要奇。

——《桂林的山》

美好比健康，藝術好比衛生。衛生使身體健康，藝術使精神美化。健康必須是全身的。倘只是一手一足特別發達，其人即成畸形。美化也必須是全心的。倘只能描畫唱歌，則其人即成機械。故描畫唱歌，只是藝術的心的有形的表示而已。此猶競技賽跑，只是健康的身體的一時的表現而已。除此以外，健康的身體無時不健，藝術的精神無時不美。可知藝術給人一種美的精神，這精神支配人的全部生活。故直說一句，藝術就是道德，感情的道德。

——《藝術必能建國》

藝術中的圖畫音樂，實用也不多，有誰在生活中必須常常畫圖唱歌呢？然而學生非學不可，蓋欲借此涵養德性，使生活美化也。故藝術科的主要目的物不是一張畫一曲歌，而是其涵養之功。

——《桂林藝術講話之三》

譬如今有一竹籃飯，一木碗羹，得了可以活，不得便餓死。你倘拿來送給餓人吃，罵他幾句然後送給他，即使是路人也不願受。踢他幾腳然後送給他，即使是乞丐也不要吃你的。——可見人要求食，但更要求禮。倘非禮，寧願不食而死。由此可知精神生活比物質生活更重。

——《藝術必能建國》

今日學校的課程表裏添加圖畫一小時與音樂二小時，猶之中醫的藥方裏添寫陳皮兩張，甘草三分，可得可失，無關緊要。……藝術科何以如此不見長進？這是因為師資缺乏，教學法不良，一向偏重藝術的末技而忽略藝術的精神的緣故。

——《工藝術》

富人之工藝品，濫用象牙、紅木，濫施細工。誤將物價當作藝術價值（其評畫更如此），錯認複雜困難為美，所謂「出力不討好」者，可笑而復可憐。

——《工藝術》

圓滿的人格好比一個鼎，「真、善、美」好比鼎的三足。缺了一足，鼎就站不住，而三者之中，相互的關係又如下：「真」、「善」為「美」的基礎；「美」是「真」、「善」的完成。「真」、「善」好比人體的骨骼，「美」好比人體的皮肉。

——《藝術與藝術家》

科學追求真，道德追求善，藝術追求美。人生必須學藝術，便是為求人格的圓滿。真，善，美，這三者，互相關聯，三位一體；但是性狀完全不同。

——《藝術的學習法》

藝術的性狀特別，內容很嚴肅而外貌又很和愛，不像道德法律等似的內外一致。因此淺見的人容易上當，以為藝術只是一種消閒娛樂的裝飾品。好比小孩子初次看見金雞納霜片，舐舐看甜津津的，只當它是一粒糖，不知道裏面含有藥。只當它是糖果之類的閒食，不知道它有殲滅病菌、澄清血液、健康身體的大功用呢。所以現在我們要清理藝術觀念，非把這顆金雞納霜打開來，使糖和藥分別一下不可。

——《桂林藝術講話之二》

嘉興之冬

要學藝術，必須懂得用「情」，不要老是把心的「知」和「意」兩方面向着世間。要常把「情」的一方面轉出來向着世間。這樣，藝術才能和你發生關係，而你的生活必定增加一種趣味。

——《藝術的學習法》

「藝術是人生的反映」，這是顛撲不破的定理。所以藝術表現法愈切實，其所反映的人生愈親密，愈周到。

——《現代藝術二大流派》

如要學習藝術，須能另換一種與平常不同的態度來對付世間。眼睛要能看見形象的本身。耳朵要能聽到聲音的本身。心思要能像兒童一般天真爛漫。

——《藝術的學習法》

東洋藝術重主觀，西洋藝術重客觀。東洋藝術為詩的，西洋藝術為劇的。故在繪畫上，中國畫重神韻，西洋畫重形似。

——《中國畫與西洋畫》

秋雲

「藝術是美的理想表現」「藝術是真善美十全具足的表現」，這也是顛撲不破的真理。

——《現代藝術二大流派》

我一向抱着一種信念：「藝術是生活的反映。」我確信時代無論如何變化，這道理一定不易。

——《藝術的展望》

西洋某學者說：「造物給人才能時，科學的才能是數次分給的，所以越是後來的人所得越多；文藝的才能是一次總付的，所以古人便宜。」我相信這神話寓言式的理論。我覺得畫法值得「師古」。然而所師的是古人的抽象的「法」，並不是具體的「形」。多數的中國畫家依樣畫葫蘆地模仿古人的「形」，就變成「泥古」。

——《評中國的畫風》

美術是人生的「樂園」，兒童是人生的「黃金時代」。然而出了黃金時代，美術的樂園就減色，可勝嘆哉！

——《視覺的糧食》

我們不歡迎「為藝術的藝術」，也不歡迎「為人生的藝術」。我們要求「藝術的人生」與「人生的藝術」。

——《藝術與人生》

女性們煞費苦心於自己的身體的裝飾。頭髮燙也不惜，胸臂凍也不妨，腳尖痛也不怕。然而真的女性的美，全不在乎她們所苦心經營的裝飾上。我們反在她們所不注意的地方發見她們的美。不但如此，她們所苦心經營的裝飾，反而妨礙了她們的真的女性的美。

——《自然》

乞丐所有的姿態的美，屢比富貴之人豐富得多。試入所謂上流的交際社會中，看那班所謂「紳士」、所謂「人物」的樣子，點頭、拱手、揖讓、進退等種種不自然的舉動，以及臉的外皮上硬裝出來的笑容，敷衍應酬的不由衷的言語，實在滑稽得可笑，我每覺得這種是演劇，不是人的生活。

——《自然》

美學上所謂「多樣的統一」，就是說多樣的事物，合於自然之律而作成統一，是美的狀態。

——《自然》

論文學的人說，「文章本天成，妙手偶得之」；論繪畫的人說，「天機勃露，獨得於筆情墨趣之外」。「美」都是「神」的手所造的，假手於「神」而造美的，是藝術家。

——《自然》

黃金比例在美學上是可貴的，同時在實際上也是得用的。

——《自然》

我在貧乏而粗末的自己的書房裏，常常喜歡作這玩意兒。把幾件粗陋的傢具搬來搬去，一月中總要搬數回。搬到痰盂不能移動一寸，臉盆架子不能旋轉一度的時候，便有很妥帖的位置出現了。那時候我自己坐在主眼的座上，環視上下四周，君臨一切。覺得一切都朝宗於我，一切都為我盡其職司，如百官之朝天，眾星之拱北辰。就是牆上一隻很小的釘，望去也似乎居相當的位置，對全體為有機的一員，對我盡專任的職司。我統御這個天下，想像南面王的氣概，得到幾天的快適。

——《閒居》

有一次我閒居在自己的房間裏，曾經對自鳴鐘尋了一回開心。自鳴鐘這個東西，在都會裏差不多可説是無處不有，無人不備的了。然而它這張臉皮，我看慣了真討厭得很。羅馬字的還算好看；我房間裏的一隻，又是粗大的數學碼子的。數學的九個字，我見了最頭痛，誰願意每天做數學呢！有一天，大概是閒日月中的閒日，我就從牆壁上請它下來，拿油畫顏料把它的臉皮塗成天藍色，在上面畫幾根綠的楊柳枝，又用硬的黑紙剪成兩隻飛燕，用漿糊黏住在兩隻針的尖頭上。這樣一來，就變成了兩隻燕子飛逐在楊柳中間的一幅圓額的油畫了。凡在三點二十幾分、八點三十幾分等時候，畫的構圖就非常妥帖，因為兩隻飛燕適在全幅中稍偏的位置，而且追隨在一塊，畫面就保住均衡了。

——《閒居》

美術是為人生的。人生走到哪裏，美術跟到哪裏。

——《我與手頭字》

譬如有三隻蘋果，……要寫生它們，給它們安排成一個可以入畫的美的位置，——兩個靠攏在後方一面，餘一個稍離開在前方，——望去恰好的時候，就是所謂「多樣的統一」，是美的。要統一，又要多樣；要規則，又要不規則；要不規則的規則，規則的不規則；要一中有多，多中有一。這是藝術的三昧境！

——《藝術三昧》

現今我國大多數的人，大家把「藝術的」及「美的」等字誤解、曲解，認為奢侈，浮靡，時髦，甚至香艷的意思。

——《房間藝術》

花終於要凋謝，人終於要老死，這種感傷也可同歸於盡。只有從這些感傷發出來的詩詞，永遠生存在這世間，不絕地引起後人的共鳴。「人生短，藝術長」，其此之謂歟？

——《看殘菊有感》

要講藝術鑒賞，先須明白藝術的性狀。人人都會說甚麼「藝術學校」「藝術科」「藝術家」，可是所謂「藝術」的真相，決不是俗眼能夢見的。因為俗人的眼沉溺在這塵世的里巷市井之間，而藝術則高超於塵世之表。故必須能提神於太虛而俯瞰萬物的人，方能看見「藝術」的真面目。何謂「高超於塵世之表」呢？就繪畫而說，畫家作畫的時候，把眼前森羅萬象當作一片大自然的 page（頁），而決不想起其各事物的對於世間人類的效用與關係。畫家的頭腦，是「全新的」頭腦，毫無一點世間的陳見；畫家的眼，是「潔淨」的眼，毫無一點世智的塵埃。故畫家作畫的時候張開眼來，所見的是一片全不知名，全無實用，而又莊嚴燦爛的樂土。這是一個全新的世界，美的世界，無為的世界，無用的世界。山是屏，川是帶，不是地理上、交通上的部份，樹是裝飾，不是有用的果樹或木材，房屋是玩具，不是住人的家；田野是大地的衣襟，不是稻麥的產地，路是地的靜脈管，不是可以行人的道，路上行人的往來都是演劇，遊戲，不是幹事。牛，羊，雞，犬，魚，鳥，都是這大自然的點綴，不是有用處的畜牧。——有了這樣的心境與眼光，方然能面見「美」的姿，感激歡喜地把這「美」的姿描在畫布上，就成為叫做「繪畫」的一種「藝術」。

——《西洋畫的看法》

唐人詩句：「須知諸相皆非相，能使無情盡有情。」上聯說佛經，下聯說藝術，很可表明弘一法師由藝術昇華到宗教的意義。藝術家看見花笑，聽見鳥語，舉杯邀明月，開門迎白雲，能把自然當作人看，能化無情為有情，這便是「物我一體」的境界。更進一步，便是「萬法從心」、「諸相非相」的佛教真諦了。故藝術的最高點與宗教相通。最高的藝術家有言：「無聲之詩無一字，無形之畫無一筆。」

——《我與弘一法師》

中國古書中，曾把音樂也歸入美術範圍內。則美術彷彿就是藝術。但我主張美術的範圍應限於視覺藝術，即所謂造型美術。藝術舊有八種，即文學、音樂、演劇、舞蹈、繪畫、雕刻、建築、工藝。近添照相、電影二種。我主張在中國應再添書法、金石二種，則共得十二種。這一打藝術中，只除了文學與音樂與眼睛無關外，其餘的十種均用眼睛鑒賞。不過其中演劇、舞蹈、電影三種用眼睛之外又兼用耳，稱為綜合藝術。其餘的七種，即畫、雕、建、工、照、書、金，則全用眼睛，為純粹的視覺藝術，即造型美術。

——《教師日記》

處々是眼睛

「先器識而後文藝」，譯為現代話，大約是「首重人格修養，次重文藝學習」，更具體地說，「要做一個好文藝家，必先做一個好人」。

——《先器識而後文藝——李叔同先生的文藝觀》

乘此抗戰建國之期，我欲使中國藝術教育開闢一新紀元：掃除以前一切幼稚，生硬，空虛，孤立等流弊，務使與中國人生活密切關聯，而在中國全般教育中為一有機體。

——《教師日記》

予謂最近中國之藝術家，有許多已變成西洋人。他們學得西洋藝術之皮毛，欲硬把此皮毛種植於中土，而渾忘其為中國人，誠可笑也。藝術如此生吞活剝，藝術教育遂游離人生，而成為一種具文。普通中學校之圖畫，見者皆說「我們外行看不懂」。普通中學之音樂，聞此皆説「我們外行聽不懂」。此是何等不合理、不調和狀態！實非改革不可。

——《教師日記》

藝術不是孤獨的，必須與人生相關聯。美不是形式的，必須與真善相鼎立。

——《教師日記》

藝術教育的原理是因為藝術是人生不可少的安慰，又是比社會大問題的真和科學知識的真更加完全的真，直接了解事物的真相，養成開豁胸襟的力量，確是社會極重要的事件。

——《藝術教育的原理》

藝術是絕緣的，這絕緣便是美的境地……

——《藝術教育的原理》

藝術品猶米麥醫藥，米麥賤賣可使大眾皆得療飢，醫藥賤賣可使大眾皆得療疾，藝術品賤賣亦可使大眾皆得欣賞。米麥和醫藥決不因賤賣而失卻其營養與治療之效能，藝術品亦決不因賤賣而降低其藝術的價值。蓋「藝術的價值」與「藝術品價值」原為兩件事也。

——書信《致謝頌羔》

# 第二章

# 談繪畫

要做畫家，先要做一個善良的人。不但學畫是這樣，一切學問都是這樣的。

——《西洋名畫巡禮》

描的畫要使世界上千年萬古的人看了都感動，不可描幾年之間的人所喜歡的畫。

——《西洋名畫巡禮》

主題只有一個，不可以有兩個。主題要放在畫中最好的地方。放在中央覺得太呆板，放在角上覺得太偏僻。放在不偏不中的地方，……算最好看。

——《西洋名畫巡禮》

繪事非尋常學問可擬也。研究之法，因之與他事不同。凡尋常學問，若能聰明加以勤勉，未有不濟者。獨於學畫則不可概論。天資、學力二者固不可缺，然重於此者尚多。蓋一畫之成，非僅模仿自然，必加以畫家之感興，而後能遺貌取神。故畫者以自然物之狀態，由畫家之頭腦畫化之，即為所成之藝術品也。

——《畫家之生命》

遠近法之有無，實為西畫與國畫之主要異點。……畫中的遠近法，正好比文中的文法，倫理觀念清楚的，不學文法也能作文。透視觀念清楚的，不學遠近法也能作畫。

——《教師日記》

意志、身體、時間既能自由矣，若無獨立之趣味，則或流於卑下。趣味即畫家之感興也。一畫家之感興，不當與凡眾相同。此雖屬抽象之語，實係最緊要之事，關於技術上之影響甚巨。學畫而無獨立趣味，雖研究數十年，一老匠耳。

——《畫家之生命》

自然之美盈前，取之無禁，用之不竭，何自苦而必欲臨摹他人之作耶？

——《忠實之寫生》

繪畫必從寫生入手。人物是寫生的最好材料。這校舍正在建築中，各種工人來來往往，有各種服裝，各種姿勢。這都是我們的寫生範本。希望你們於課餘之暇，用小冊速寫各種人物的姿勢，當比教室中的上課得益更多。但速寫時須注意一事：將兩眼稍稍閉合，看取人物的大體姿勢，而刪去其細部。切勿注目於細目而不顧大體。

——《教師日記》

肖似不是繪畫的主要目的，不是繪畫好壞的標準。

——《談像》

模仿不是繪畫的主要目的，繪畫中所描寫出的自然物，不是真的自然物的照樣的模仿，而是經過「變形」，經過「美化」後的自然物。所以要「變形」要「美化」者，就是為了要使之「悅目」。故繪畫是美的形與色的創造，是主觀的心的表現，故繪畫是「創作」。

——《談像》

理想的鐘
休息十分間

藝術是從自然產生的，繪畫必須忠實寫生自然，方能成為藝術。

——《我的學畫》

我的意思，是學畫必須從寫生入手，不可徒事臨摹他人的作品。因為畫的生命存在於物象中，決不存在於畫帖中。

——《七巧板》

畫帖上第一重要的事，是大體姿態的描寫，物象的神氣端在於此，繪畫的生命端在於此。有了大體，即使細部忽略，亦無大礙。反之，大體不正，即使細部十分精詳，亦屬徒勞。

——《七巧板》

看電影要坐得遠，看畫要退遠幾步，也都是為了遠看能見其大體，能見其神氣的緣故。可知物象的神氣，不在細部而在大體。描畫而欲得神，必須注重大體姿態的描寫。

——《七巧板》

古人作畫，原是寫古人自己的時代的裝束，自己的環境中的生活狀態的。……如今畫家作畫不肯寫生，一味抄描古本，或想像古代，根本上已經違反了古大家的教訓。

——《評中國的畫風》

我小時在寫生世界中，把人不當作人看，而當作靜物或景物看。似覺這世間只有我一個是人。除了我一個人之外，眼前森羅萬象一切都是供我研究的寫生模型。我把我的先生，我的長輩，我的朋友，看作與花瓶、茶壺、罐頭同類的東西。我的師友戚族聽到這句話或將罵我無禮，我的讀者看到這句話或將譏我傲慢，其實非也：這是我在寫生世界裏的看法。寫生世界猶似夢境，夢中殺人也無罪。況且我曾把書架上的花瓶、茶壺、罐頭等靜物恭敬地當作人看，現在不過是掉換一個地位罷了。

——《寫生世界》

學畫的人，應該用謙虛的心，明淨的眼，向「自然」中探求珍貴的啟示。那麼你就知道「自然」是藝術的寶庫，野外是天然的畫室了。

——《野外寫生》

看戲式的聽講
TK
緣緣堂畫箋

風雲變態
子愷
緣緣堂畫箋

眼睛和嘴巴，有相同的地方，有相異的地方，又有相關聯的地方：相同的地方在哪裏呢？我們用嘴巴吃食物，可以營養肉體；我們用眼睛看美景，可以營養精神。——營養這一點是相同的。

——《圖畫與人生》

我讀《人體描法》，讀到普通人的眼睛都生在頭長的二等分處一原則，最初不相信，以為眼總是生在頭的上半部的。後來用鉛筆向人頭實際測量，果然從頭頂至眼之長等於從眼至下顎之長，我非常感佩！……眼的上面非常寂寞，而下面非常熱鬧，便使我錯認眼是生在頭的上部的。實則眼都位在頭的正中。發育未完的兒童，甚至位在下部三分之一處。我知道了這原則，歡喜之極！

——《寫生世界》

我始終確信，繪畫以「肖似」為起碼條件，同人生以衣食為起碼條件一樣。謀衣食固然不及講學問道德一般清高。然而衣食不足，學問道德無從講起，除非伯夷叔齊之流。學畫也是如此，單求肖似固然不及講筆法氣韻的清高。然而不肖似物象，筆法氣韻亦無從寄託。

——《視覺的糧食》

圖畫同人生的關係，就只是「看看」。……「看看」，好像是很不重要的一件事，其實同衣食住行四大事一樣重要。這不是我在這裏說大話，你只要問你自己的眼睛，便知道。眼睛這件東西，實在很奇怪：看來好像不要吃飯，不要穿衣，不要住房子，不要乘火車，其實對於衣食住行四大事，它都有份，都要干涉。人皆以為嘴巴要吃，身體要穿，人生為衣食而奔走，其實眼睛也要吃，也要穿，還有種種要求，比嘴巴和身體更難服侍呢。

——《圖畫與人生》

看見一片美麗的風景，心裏覺得愉快；看見一張美麗的圖畫，心裏覺得歡喜。這都是營養精神的。所以我們可以說：嘴巴是肉體的嘴巴，眼睛是精神的嘴巴——二者同是吸收養料的器官。

——《圖畫與人生》

繪畫表現也同音樂演奏一樣，是可一而不可再的。音樂演奏的趣致各人不同，而同一人演奏同一曲，今日與昨日趣致也不同，日間和夜間趣致又不同。描畫何嘗不然？興到下筆，其畫自有趣致；後來依樣臨摹，趣致就完全不同，有時竟成另一幅了。興到下筆時，必須放膽，其畫方有精神，若存畏縮之心，手腕發抖，趣致便表現不出來。

——《我的畫具》

繪畫題材的開放，是現代藝術所要求的，是現代人所希望的。把具有數千年的發展史和特殊的中國畫限制於自然描寫，是可惜的事！我們中國的繪畫技法，實在是可矜貴的。那奔放的線條，明麗的色彩，強烈的印象和清醒的佈局，在世界畫壇上放着異彩。

——《談中國畫》

古人云：「詩人言簡而意繁。」我覺得這句話可以拿來準繩我所歡喜的漫畫。我以為漫畫好比文學中的絕句，字數少而精，含義深而長。

——《漫畫藝術的欣賞》

「漫畫」式樣很多，定義不一。簡單的，小型的，單色的，諷刺的，抒情的，描寫的，滑稽的……都是漫畫的屬性。……但我以為「漫畫」的範圍和定義不規定亦無不可，本來是「漫」的「畫」規定了也許反不自然。只要不為無聊的筆墨遊戲，而含有一點「人生」的意味，都有存在的價值，都可以稱為「漫畫」的。

——《漫畫藝術的欣賞》

TK

過埠擔
TK

漫畫是思想美和造型美的綜合藝術，故學習時不能像普通學畫地單從寫生基本練習入手。它的基本練習有兩方面：一方面是技術的修煉，與普通學畫同，練習鉛筆靜物寫生，木炭石膏模型寫生，或人體寫生。另一方面是思想的修煉，如何修煉，卻很難說。因為這裏包括見聞、經驗、眼光、悟性等人生全體的修養，不是一朝一夕的能事，勉強要說，只得借董其昌的話：「讀萬卷書，行萬里路。」

——《漫畫藝術的欣賞》

人都說我是中國漫畫的創始者。這話未必盡然。我小時候，《太平洋畫報》上發表陳師曾的小幅簡筆畫《落日放船好》、《獨樹老人家》等，寥寥數筆，餘趣無窮，給我很深的印象。我認為這算是中國漫畫的始源。不過那時候不用漫畫的名稱。所以世人不知「師曾漫畫」，而只知「子愷漫畫」。漫畫二字，的確是在我的畫上開始用起的，但也不是我自稱，卻是別人代定的。……所以我不能承認自己是中國漫畫的創始者，我只承認漫畫二字是在我的書上開始用起的。

——《漫畫創作二十年》

可爱的盗竊
子愷畫
緣緣堂畫箋

恍悟古人之言：「意到筆不到」，真非欺人之談。作畫意在筆先。只要意到，筆不妨不到；非但筆不妨不到，有時筆到了反而累贅。缺乏藝術趣味的人，看了我的畫驚訝地叫道：「咦，這人只有一個嘴巴，沒有眼睛！」「咦！這人的四根手指黏成一塊的！」甚至有更細心的人說：「眼鏡玻璃後面怎麼不見眼睛？」對於他們，我實在無法解嘲，只得置之不理，管自讀詩讀詞捕捉幻象，描寫我的漫畫。

——《漫畫創作二十年》

這些畫我今日看了，一腔熱血還能沸騰起來，忘記了老之將至，這就是《辦公室》《阿寶兩隻腳櫈子四隻腳》《妹妹新娘子，弟弟新官人》《小母親》《爸爸回來了》等作品。這些畫的模特兒——阿寶，瞻瞻，軟軟——現在都已變成大學生，我也垂垂老矣。然而老的是身體，靈魂永遠不老。最近我重描這些畫的時候，彷彿覺得年光倒流，返老還童。從前的憧憬，依然活躍在我的心中了。

——《漫畫創作二十年》

對於平劇（當時首都是南京，北京還不是首都，所以被稱為北平。——編者）象徵的表現，我很讚賞，為的是我的漫畫的省略的筆法相似之故。我畫人像，臉孔上大都只畫一隻嘴巴，而不畫眉目。或竟連嘴巴都不畫，相貌全讓看者自己想像出來。（因此去年有某小報拿我取笑，大字標題曰「豐子愷不要臉」，文章內容，先把我恭維一頓，末了說，他的畫獨創一格寥寥數筆，神氣活現，畫人頭不畫臉孔云云。只看標題而沒有功夫看文章的人，一定以為我做了不要臉的事。這小報真是虐謔！）這正與平劇的表現相似：開門、騎馬、搖船，都沒有真的門、馬與船，全讓觀者自己想像出來。想像出來的門、馬與船，比實際的美麗得多。倘有實際的背景，反而不討好了。好比我有時偶把眉毛口鼻一一畫出；相貌確定了，往往覺得不過如此，一覽無餘反比不畫而任人自由想像的笨拙得多。

——《再訪梅蘭芳》

在作畫這件事說，我一向歡喜自動，興到落筆，毫無外力強迫，為作畫而作畫，這才是藝術品。如果為了敷衍應酬，為了交換條件，為了某種目的或作用而作畫，我的手就不自然，覺得畫出來的筆筆沒有意味，我這個人也毫無意味。……我歡喜畫的時候不知道為誰而畫，或為若干潤筆而畫，而只知道為畫而畫。這才有藝術的意味。

——《藝術的逃難》

曉風殘月
TK

柳蔭
TK

畫家的心，必常與所描寫的對象相共鳴共感，共悲共喜，共泣共笑，倘不具備這種深廣的同情心，而徒事手指的刻劃，決不能成為真的畫家。即使他能描畫，所描的至多僅抵一幅照相。

——《美與同情》

畫家所見的方面，是形式的方面，不是實用的方面。換言之，是美的世界，不是真善的世界。美的世界中的價值標準與真善的世界中全然不同。我們僅就事物的形狀色彩姿態而欣賞，更不顧問其實用方面的價值了。所以一枝枯木，一塊怪石，在實用上全無價值，而在中國畫家是很好的題材。無名的野花，在詩人的眼中異常美麗。故藝術家所見的世界，可說是一視同仁的世界，平等的世界。藝術家的心，對於世間一切事物都給以熱誠的同情。

——《美與同情》

從此我也着實留意於東西的位置，體諒東西的安適了。它們的位置安適，我們看了心情也安適。於是我恍然悟到，這就是美的心境，就是文學的描寫中所常用的看法，就是繪畫的構圖上所經營的問題。這都是同情心的發展。普通人的同情只能及於同類的人，或至多及於動物，但藝術家的同情非常深廣，與天地造化之心同樣深廣，能普及於有情非有情的一切物類。

——《美與同情》

照藝術的領域說，音樂主聽覺美即聲音美，繪畫主視覺美即形式美，文學主思想美即言語美。則現在所謂「具象美」照理是繪畫的領域中所有的事。繪畫除了立體派構成派等以外，常含有多量的思想美即意義美，而文學中亦如上述地盛用具象美。這可以看作文學與繪畫的握手。

——《具象美》

藝術不是技巧的事業，而是心靈的事業；不是世間的事業的一部份，而是超然於世界之外的一種最高等的人類活動。故藝術不是職業，畫家不是職業，畫不是商品。故練習繪畫不是練習手腕，而是練習眼光與心靈。故看畫不僅用肉眼，又須用心眼。

——《藝術鑒賞的態度》

三板兩支
TK

TK

西湖歸車
子愷畫
緣緣堂畫箋
TK

空想與理想不同。空想原是遊戲似的，理想則合乎理性。只要方向不錯，理想不妨高遠。理想越高遠，創作欣賞時的自由之樂越多。

——《藝術的效果》

古人詩云：「赤欄橋外柳千條。」昔日我常嘆賞它為描寫春景的佳句。今日看見了它的實景，嘆賞得愈加熱烈了。但是，這也並非因為見了詩的實景之故，只因我忘記了時間，忘記了地點，甚至忘記了自身，所見的就是詩人的所見；換言之，實景就是詩，所以我的嘆賞能愈加熱烈起來。

——《赤欄橋外柳千條》

世間的美景，是人們所愛樂的。但是美景不能常出現。我們的生活的牽制又不許我們去找求美景。我們心中欲看美景，而實際上不得不天天廁身在塵囂的都市裏，與平凡污舊而看厭了的環境相對。於是我們要求繪畫了。我們可在繪畫中自由描出所希望的美景。

——《藝術的效果》

畫中的田野，有山容水態，綠笑紅顰，才是大地自己的姿態。美術中的牛羊，能憂能喜，有意有情，才是牛羊自己的生命。詩文中的貧士、貧女，如冰如霜，如玉如花，超然於世故塵網之外，這才是人類本來的真面目。所以說，我們唯有在藝術中，可以看見萬物的天然的真相。我們打疊了日常生活的傳統習慣的思想，而用全新至淨的眼光來創作藝術，欣賞藝術的時候，我們的心境豁然開朗，自由自在，天真爛漫。好比做了六天工作逢到一個星期日，這時候才感到自己的時間的自由。又好比長夜大夢一覺醒來，這時候才回復到自己的真我。所以說，我們創作或鑒賞藝術，可得自由與天真的樂處。這是藝術的直接的效果，即藝術品及於人心的效果。

——《藝術的效果》

中國則從古以來，「書畫」並稱。又有「書畫同源」之說，說寫字同作畫，是根本相同的。故在中國，書是與畫同等重要的一種藝術。

——《藝術的種類》

TK

挖耳朵
TK

千萬條陌頭細柳，條條不忘記根本，常常俯首顧着下面，時時借了春風之力，向處在泥土中的根本拜舞，或者和它親吻。好像一群的活潑孩子環繞着他們的慈母而遊戲，但時時依傍到慈母的身旁去，或者撲進慈母的懷裏去，使人看了覺得非常可愛。楊柳樹也有高出牆頭的，但我不嫌它高，為了它高而能下，為了它高而不忘本。

——《楊柳》

我覺得一到秋天，自己的心境便十分調和。非但沒有那種狂喜與焦灼，且常常被秋風秋雨秋色秋光所吸引而融化在秋中，暫時失卻了自己的所在。

——《秋》

「繪畫以形體肖似為肉體，以神氣表現為靈魂。」即形體的肖似固然是繪畫的一個重要目標，但此外還有一個更重要的目標，就是要表現物象的神氣。倘只有形似而缺乏神氣，其畫就只有肉體而沒有靈魂，好比一個屍骸。

——《畫鬼》

中國畫比較起西洋畫來，在創作態度上是「主觀的」，在描寫技巧上是「原始的」。不顧客觀世間的實際的形相，而大膽地把形相依照自己的感覺而改造，故曰「主觀的」。忽略眼前景物的詳細點，但用最經濟的、記號似的、不能再省的幾筆來表出，故曰「原始的」。中國畫與兒童畫，在這兩點上頗相似。

——《版畫與兒童畫》

漫畫在畫體中也可說是一種隨筆或小品文，也正是隨意取材，畫幅短小，而內容精粹的一種繪畫。隨意取材，畫幅短小，故宜於「簡筆」。內容精粹，故必「注重意義」。

——《漫畫的描法》

說我的畫與其他藝術修養有關，說得很對！我的畫的確與文學有很大關係。我自知這不是一種正式的繪畫，只是繪畫之一種。至於這種畫價值如何，那我自己實在想不出答語。我彷彿具有一種癖癮，情不自禁地要作這種畫。

——《作畫好比寫文章》

鑼鼓響
TK

# 第三章
# 談文學

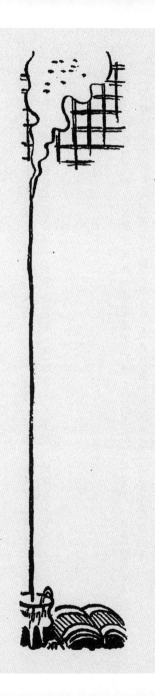

「漫畫是注重意義而有象徵、諷刺、記述之用的，用略筆而誇張地描寫的一種繪畫。」故漫畫是含有多量的文學性質的一種繪畫。漫畫是介於繪畫與文學之間的一種藝術。

——《漫畫》

一切藝術之中，文學是與社會最親近的一種。它的表現工具是人人日常通用的「言語」。這便是使它成為一種最親近社會的藝術的原因。故一種藝術思潮的興起，往往首先在文學上出現，繼而繪畫、音樂、雕刻、建築都起來回應。

——《將來的繪畫》

文學可說是萬能的藝術。但其缺點，只是幾句空言，要人想像出來，卻沒有具體的表現。

——《藝術的園地》

人們常常說，圖畫比文章容易使人感動。但我總覺得不然。圖畫只能表示靜止的一瞬間的外部的形態，文章則可寫出活動的經過及內容的意義。況言語為日常慣用之物，自比形色容易動人。

——《「古代英雄的石像」讀後感》

兩小時以前進來的顧客
子愷畫
新書湧到
歡迎參觀
緣緣堂畫箋

小猫似小友凭肩看畫畫
TK

我沒有看本文，只看了一頭一尾——這是我的慣癖，我普通看書大都不耐細讀本文，只看它的序跋。這本書的序跋中備述著譯者（鸕鷀子，即葛祖蘭。——編者）的翻譯的始末及其推敲的經過。我看了十分服佩他的「認真」，為中國翻譯界所稀有。

——《「再和我接個吻」的翻譯》

讀書不像研究繪畫音樂需要設備，也不像研究繪畫音樂需要每日不斷的練習。只要有錢買書，空的時候便可閱讀。

——《我的苦學經驗》

我的讀書，不得不用機械的方法而下苦功，我的用功都是硬做的。

——《我的苦學經驗》

我始終確信硬記單詞是學外國語的最根本的善法。

——《我的苦學經驗》

對於諸般藝術皆有興味而皆不深造的人，看「文學的繪畫」較有興味。在一切藝術中，文學是最易大眾化的藝術。因為文學所用的表現工具是言語，言語是人人天天用慣的東西，無須另行從頭學習，入門的初步是現成的。繪畫與音樂都沒有這麼便當。要能描一個正確的形，至少須經一番寫生的練習，要能唱一個樂曲，起碼須學會五線譜。寫生與五線譜，不是像言語一般的日常用具，學的人往往因為一曝十寒而難於成就。因此世間愛好音樂繪畫者較少，而愛好文學者較多。

——《繪畫與文學》

藏書如山積
讀書如水流
山形有限度水流无时休
子愷寫

時還讀我書
子愷畫
緣緣堂畫箋

的。

我沒有正式求學的福份，我所知道於世間的一些些事，都是從自己讀書而得來的。

——《我的苦學經驗》

創作——包括隨筆——都很傷腦筋，比翻譯傷腦筋得多。倘使用操舟來比方寫稿，則創作好比把舵，翻譯好比划槳。

——《隨筆漫畫》

我做翻譯工作的時候不怕旁邊有人。我譯成一句之後，不妨和旁人閒談一下，作為休息，然後再譯第二句。但創作的時候最怕旁邊有人，最好關起門來，獨自工作。因為這時候思想形成一根線索，最怕被人打斷。一旦被打斷了，以後必須苦苦地找尋斷線的兩端，重新把它們連接起來，方才可以繼續工作。

——《隨筆漫畫》

我認為隨筆不能隨便寫出……漫畫同隨筆一樣，也不是可以「漫然」下筆的。我有一個脾氣：希望一張畫在看看之外又可以想想。我往往要求我的畫兼有形象美和意義美。形象可以寫生，意義卻要找求。

——《隨筆漫畫》

倘使我所看到的形象沒有豐富深刻的意義，無論形象色彩何等美麗，我也懶得描寫；即使描寫了，也不是我的得意之作。實在，我的作畫不是作畫，而仍是作文，不過不用言語而用形象罷了。既然作畫等於作文，那麼漫畫就等於隨筆。隨筆不能隨便寫出，漫畫當然也不得漫然下筆了。

——《隨筆漫畫》

日本的《源氏物語》，是公曆一〇〇六年左右完成的，是幾近一千年前的作品。這是世界上最早的長篇小說。我國的長篇小說《三國演義》和《水滸》、意大利但丁的《神曲》，都比《源氏物語》遲三四百年出世呢。這《源氏物語》是世界文學的珍寶，是日本人民的驕傲！在英國、德國、法國，早已有了譯本，早已膾炙人口。而在相親相近的中國，一向沒有譯本。直到解放後的今日，方才從事翻譯，而這翻譯工作正好落在我肩膀上。這在我是一種莫大的光榮！

——《我譯〈源氏物語〉》

道無書卻有書中意排我個人之字
TK

記得我青年時代，在東京的圖書館裏看到古本《源氏物語》。展開來一看，全是古文，不易理解。後來我買了一部與謝野晶子的現代語譯本，讀了一遍覺得很像中國的《紅樓夢》，人物眾多，情節離奇，描寫細緻，含義豐富，令人不忍釋手。讀後我便發心學習日本古文。記得我曾經把第一回《桐壺》讀得爛熟。起初覺得這古文往往沒有主語，字句太簡單，難於理會；後來漸漸體會到古文的好處，所謂「言簡意繁」，有似中國的《論語》《左傳》或《檀弓》。當時我曾經希望把它譯成中國文。然而那時候我正熱衷於美術、音樂，不能下此決心，況且這部巨著長達百餘萬字，奔走於衣食的我，哪裏有條件從事這龐大的工作呢？結果這希望只有夢想而已。

——《我譯〈源氏物語〉》

古書當然要多讀，但須拿研究的態度去讀，不可死板模仿古人，開倒車。

——書信《致夏宗禹》

冬夜

北京有人提議刊印《源氏物語》……我費五年譯完，共一百萬字。……近有人傳言，要拿去刊印，因日本人非常重視此書，若有人譭謗《源氏物語》，他就與你絕交云云。往年日本人來上海，我告訴他們我在譯「源氏」，他們就深深地鞠躬，口稱謝謝。……此書用古文寫成，我買了四種現代語譯本，每看一句，查四種現代語，然後下筆。

——書信《致豐新枚、沈綸》

關於《源氏物語》的參考書，在日本不下數十種之多，大部份我已經買到，並且讀過。在譯本中，我認為谷崎潤一郎最為精當：既易於理解，又忠於古文，不失作者紫式部原有的風格。然其他各本，亦各有其長處，都可供我參考。我執筆時，常常發生親切之感。因為這書中常常引用我們唐朝詩人白居易等的詩句，又看到日本古代女子能讀我國的古文《史記》、《漢書》和「五經」（《易經》《書經》《詩經》《禮記》《春秋》）；而在插圖中，又看見日本平安時代的人物衣冠和我國唐朝非常相似。所以我譯述時的心情，和往年譯述俄羅斯古典文學時不同，彷彿是在譯述我國自己的古書。我相信這譯文會比西洋文的譯文自然些，流暢些。

——《我譯〈源氏物語〉》

夏目漱石真是一個最像人的人。

——《暫時脫離塵世》

文人對於自然的觀察，不外取兩種態度，即有情化的觀察與印象的觀察。有情化的觀察，就是遷移自己的感情於自然之中，而把自然看作有生命的活物，或同類的人。印象的觀察，就是看出對象的特點，而捉住其大體的印象。這與畫家的觀察態度完全相同。

——《文學的寫生》

晉朝有一位畫家顧愷之，吃甘蔗時，總喜歡從梢上吃起，漸漸吃到根上。別人怪問他：「梢上不甜，你為甚麼從梢上吃起？」他回答說：「漸入佳境。」

——《新春試筆》

鑽研
TK
緣緣堂畫箋

中西書籍
糖果餅干
粵內戰爭

文學的色彩描寫，因為沒有顏料而只有幾個字，故往往把同類的色彩字眼混用。對於blue（藍）與green（綠）兩種色彩，中國文學上沒有定稱。普通言語中亦然，例如「青天白日」與「青草地」，其實前者是blue，後者是green。因為春草一般顏色的天，與晴空一般顏色的草，是不會有的。但我們説話時統稱之為「青」。在文學上，混同更甚，「綠」「青」「翠」「蒼」「碧」「藍」等字都無分別。

——《文學的寫生》

我以為要通一國的國語，須學習三種要素，即構成其國語的材料、方法，以及其語言的腔調。材料就是「單詞」，方法就是「文法」，腔調就是「會話」。我要學得這三種要素，都非行機械的方法而用笨功不可。

——《我的苦學經驗》

漫畫原稿
林仙十二歲之象

背诵

# 第四章

# 談音樂

音樂的發達狀態實在奇怪得很！別的藝術在二千餘年中徐徐地積成的成績，音樂只要兩世紀就超過它們（指文學、繪畫等。——編者），音樂的發達能力實在偉大得很！所以音樂在諸姊妹藝術中，是性質全然卓拔不群的一種奇特的藝術。

——《近世西洋樂壇之盛況》

音樂是最善於表現感情的藝術。……倘然沒有了音樂，人類的生活將何等隔膜而枯燥！世間將何等荒涼而寂寞！

——《告音樂初步者》

修佛法的人有「六字經」，即「南無阿彌陀佛」。習音樂的人也有「七字經」，即「獨來米法掃拉西」。佛徒說：「多念南無阿彌陀佛，可以往生西方。」音樂者也說：「多唱獨來米法掃拉西，可以進於音樂的世界。」

——《告音樂初步者》

一笑開簾留客坐小樓西角聽調箏
子愷畫
緣緣堂畫箋

凡曲趣高尚的樂曲，初聽時稍感其美，再聽時覺得更美，三聽，四聽，愈聽愈加感激，至於百聽不厭。曲趣卑淺的樂曲，適與之相反，初聽時覺得華麗，圓滑，熱鬧，甘美，委婉曲折，淋漓盡致，再聽時就覺得老調可厭，三聽時將不堪入耳，甚至令人欲嘔。

——《告音樂初步者》

聽說，音樂又可以作治病的良藥。……聽說，音樂又可以使人延年益壽。……這樣看來，音樂的效果不是空洞的，着實有實用之處。那麼所謂「安慰感情，陶冶精神，修養人格」等等，不是一張空頭支票，保存得好，將來可以兑現。

——《音樂之用》

兒童時代所唱的歌，最不容易忘記。而且長大後重理舊曲，最容易收復兒時的心。我總算是健忘的人，但兒時所唱的歌一曲也沒有忘記。

——《兒童與音樂》

我無論何等寂寞、何等煩惱、何等憂懼、何等消沉的時候，只要一唱兒時的歌，便有兒時的心出來撫慰我，鼓勵我，解除我的寂寞，煩惱，憂懼和消沉，使我回復兒時的健全。

——《兒童與音樂》

我驚嘆音樂與兒童關係之大。大人們弄音樂，不過一時鑒賞音樂的美，好像喝一杯美酒，以求一時的陶醉。兒童的唱歌，則全心沒入於其中，而終生服膺勿失。我想，安得無數優美健全的歌曲，交付於無數素養豐足的音樂教師，使他傳授給普天下無數天真爛漫的童男童女？假如能夠這樣，次代的世間一定比現在和平幸福得多。因為音樂能永遠保住人的童心。

——《兒童與音樂》

昔日的評家曾稱音樂為「流動的建築」，今日的評家正在讚美建築為「凝固的音樂」了。

——《西洋建築講話》卷首言

美術是用眼觀賞的形式與色彩所構成的藝術，音樂與之相對，是用耳聽賞的聲音所構成的藝術。自然界中有種種聲音，叫做自然音。自然音中可聽賞的很多，例如風聲、水聲、鳥聲是感覺最快美的。然而這等不能算是音樂，因為藝術的構成必合於理法。自然音必須加以整頓，使合於藝術的理法，方才成為音樂。

——《音樂的意義》

食物是營養身體的，音樂是營養精神的，即「音樂是精神的糧食」。良好的音樂可以陶冶性情，不良的音樂可以傷害人心。故音樂性質的良否，必須審慎選擇。譬如飲料，牛乳的性質良好，飲了可使身體健康；酒的性質不良，飲了有害身體。音樂也如此，高尚的音樂能把人心潛移默化，養成健全的人格；反之，不良的音樂也會把人心潛移默化，使他不知不覺地墮落。故我們必須慎選良好的音樂，方可獲得陶冶之益。

——《音樂與人生》

人類感情的最直接的發表，是音樂與舞蹈。文學全靠言語傳達思想感情，言語是理智的符號，而且各地各時不同。所以文學的表現感情，不是直接的，是間接的。繪畫全靠自然物的形狀色彩傳達思想感情，自然物是說明思想感情的一種手段。所以繪畫的表現感情，也是間接的，不是直接的。唯有音樂與舞蹈，能毫不假借理智的說明的工具而直接地發表人的感情，故音樂與舞蹈在人類歷史上發生最早，是當然的事。

——《音樂的起源與成長》

第一，音樂並不完全是享樂的東西，並非時時伴着興味的。在未學成以前的練習時期，比練習英文數學更加艱苦，需要更多的努力和忍耐。第二，人生的事，苦樂必定相伴，而且成正比例。吃苦愈多，享樂愈大；反之，不吃苦就不得享樂。這是絲毫不爽的定理，你切不可以忘記。

——《芒種的歌》

抗戰以來，藝術中最勇猛前進的要算音樂。文學原也發達，但是沒有聲音，只是靜靜地躺在書舖裏，待人去訪問。演戲原也發達，但是限於時地，只有一時間一地點的人可以享受。至於造型藝術（繪畫雕塑之類）也受着與上述兩者相同的限制，未能普遍發展。只有音樂，普遍於全體民眾，像血液周流於全身一樣。

——《談抗戰歌曲》

原來音樂是藝術中最活躍、最動人、最富於「感染力」和「親和力」的一種。故我們民間音樂發達，即表明我們民族精神昂奮，是最可喜的現象。前線的勝利，原是忠勇將士用熱血換來的。但鼓勵士氣，加強情緒，後方的抗戰文藝亦有着一臂的助力，而音樂實為其主力。

——《談抗戰歌曲》

把音樂看作「消遣」的玩物，不肯出多大的功夫和氣力來學習它，一心想要不費勞力而獲得音樂的享樂，這可稱為「不勞而獲」主義。這是學習音樂第一要禁忌的事。

——《音樂初階》序說

學唱歌好比學書法。字，普通人大都會寫，但寫出來的不能稱為書法。須得經過一番功夫，寫出來的精美悅目，方才配稱為書法。書法的功夫，是在碑帖上多加練習。唱歌的功夫，是在音程和音色上多加練習。

——《音樂初階》序說

藝術的主要原則之一，是用感覺領受。感覺中最高等的無過於眼和耳。訴於眼的藝術中，最純正的無過於書法。訴於耳的藝術中，最純正的無過於音樂。故書法與音樂，在一切藝術中佔有最高的地位。故藝術的園地中，有兩個高原。如果書法是東部高原，那麼音樂就是西部高原，兩者遙遙相對。

——《藝術的園地》

老牛亦是知音者
横笛聲中緩步行

表演前
五九年兒童節
子愷畫

「聽聽」有甚麼好處呢？也同「看看」一樣，可以涵養精神，陶冶感情。音樂能用聲音引誘人心，使無數觀眾不知不覺地進入於同樣的感情中。這叫做音樂的「親和力」。凡藝術都有親和力，而音樂的親和力特別大。所以為政，治國，傳教，從軍等，都盛用音樂。

——《藝術與人生》

我在教授圖畫唱歌的時候，覺得以前曾在別處學過圖畫唱歌的人最難教授，全然沒有學過的人容易指導。同樣，我覺得在社會裏最感到困難的是「因襲的打破難」。許多學校風潮，許多家庭悲劇，許多惡劣的人類分子，都是「因襲的罪惡」，何嘗是人間本身的不良。因襲好比遺傳，永不斷絕。新文化一次輸入因襲舊惡的社會裏，彷彿注些花露水在糞裏，氣味更難當。再輸入一次，彷彿在這花露水和糞裏再注入些香油，又變一種臭氣。我覺得無論甚麼改造，非先除去因襲的惡弊終歸越弄越壞。在山水間的學校和家庭，不拘何等孤僻，何等少見聞，何等寂寥，「因襲的傳染的隔遠」和「改造的容易入手」是實實在在的事實。

——《山水間的生活》

精神勞動的人要休息，除了酣睡以外，只有聽音樂。音樂能使人心完全停止思維籌算，而入陶醉狀態。

——《勞者自歌》

艱深的樂曲不一定良好，良好的樂曲不一定艱深。我認為曲的「高下」，不在乎「難易」，而在乎和者的「眾寡」。因此我贊成托爾斯泰的話：「凡最偉大的音樂，最有價值的傑作，一定廣泛地被民眾所理解，普遍地受民眾的讚賞。」因此我反對宋玉的話，主張「曲高和眾」。托爾斯泰曾經根據這信念，替音樂下一個定義：「音樂是結合人與人的手段。」我也贊成這定義。這就是說：音樂是使人民團結的手段。

——《曲高和眾》

阿慶（豐子愷所寫隨筆《阿慶》中的人物。——編者）孑然一身，無家庭之樂。他的生活樂趣完全寄託在胡琴上。可見音樂感人之深，又可見精神生活有時可以代替物質生活。感悟佛法而出家為僧者，亦猶是也。

——《阿慶》

音樂親和力最大，最善於統制群眾感情，團結民族精神。

——《教師日記》

想起小時在學校裏唱的春月歌：「春夜有明月，都作歡喜相。」覺得這歌詞，溫柔敦厚，可愛得很！

——《湖畔夜飲》

TK

村学校的音乐课
TK

松間的音樂隊

# 第五章

# 談書法與金石

豐子愷先生
常用的印章

石門豐氏
(錢君匋刻)

子愷書畫
(錢君匋刻)

緣緣堂主

書法中最重要的是筆法。學筆法須先正姿勢。程道明先生說：「我寫字的時候，態度很恭敬。並不是要字習得好，這恭敬便是學習。」其實態度恭敬了，字自然學得好。

——《書法略說》

書法與金石——東洋所特有的書法美術，又是東洋人的可矜點。……書法的設備很簡單，且創作與鑒賞的機會很多。寫好字的人，在一張明信片、一個信殼，甚或賬簿上的一筆賬中，都作着靈巧的結構，表着美滿的諧調。在寫信、記賬等尋常生活中恣行「氣韻生動」的創作，時親藝術的法悅，實在是東洋人所獨享的特權。……金石，也是東洋特有的一種輕便小藝術品。在數分見方的小空間中，佈置，經營，鑽研，創造一個完全無缺的具足的世界，是西洋人所不能夢見的幽境。

——《中國美術的優勝》

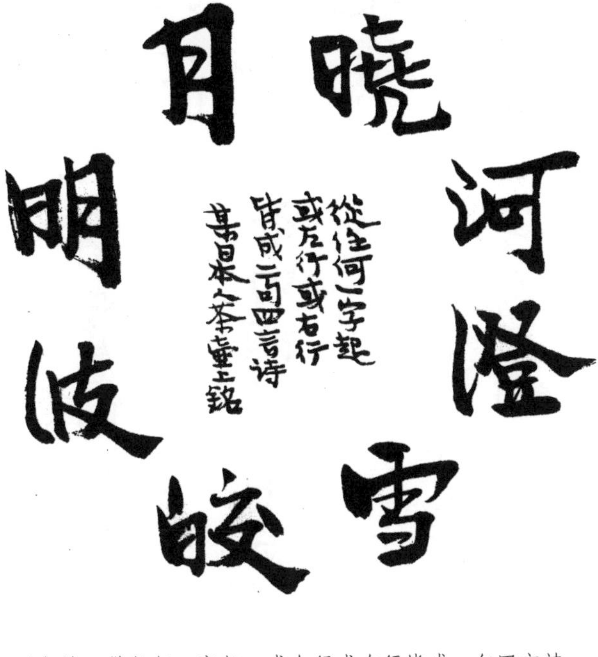


回文詩，從任何一字起，或左行或右行皆成一句四言詩。

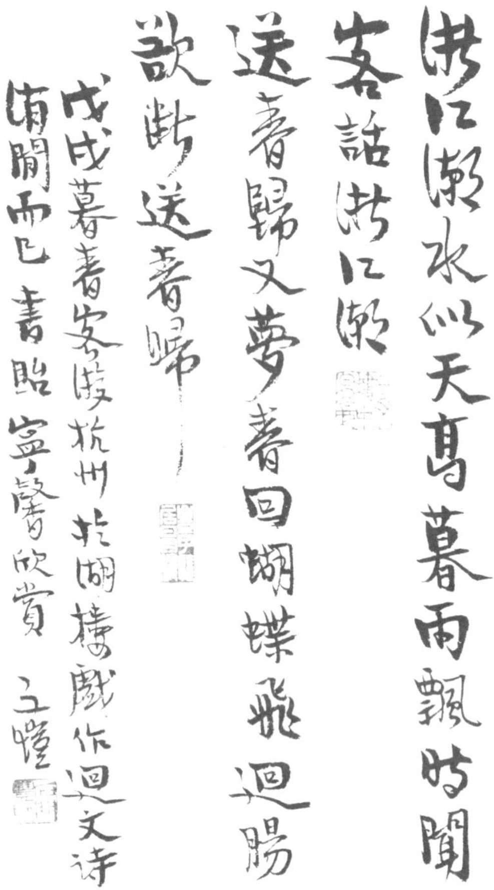
浙江潮水似天高暮雨飄時聞
客話浙江潮
送春歸又夢春回蝴蝶飛迴腸
欲斷送春歸
戊戌暮春客遊杭州於湖樓戲作迴文詩

**回文詩一**

浙江潮水似天高，
水似天高暮雨飄，
暮雨飄時聞客話，
時聞客話浙江潮。

**回文詩二**

送春歸又夢春回，
又夢春回蝴蝶飛，
蝴蝶飛迴腸欲斷。
迴腸欲斷送春歸。

單靠一隻燕子
春天是不來的

日本社會主義者片上伸句
一九四九年冬 豐子愷書
民望 存念 十二月六日題寄廈門

石門豐氏

我常常讚美中國所特有的兩種小藝術，即書法與金石。吳昌碩的草體字，一個一個地拿出來看，並不秀美，甚至歪斜醜惡，然而看其一幅字的全體，就覺得非常團結，渾然一氣，無可增減。前之歪斜醜惡者，今盡變為美的當然。這與繪畫的構圖完全同一道理。又小行的篆刻，也在幾方分裏面建立一個完全無缺的小小的世界，有「毫釐千里」的美的佈置。與繪畫的構圖也完全同一道理。故書畫金石往往相關聯，長於畫者同時多長於書，又兼長於金石，恐怕就是為了有這一點完全相同的緣故吧。

——《西洋畫的看法》

世界各國的文字，要算我們中國字為最美術的。別國的字，大都用字母拼合而成，長短大小，很不均齊。只有我們中國的字，個個一樣大小，天生成是美術的。所以外國不拿字當作美術；而中國的書法，自古以來與畫法並論。所謂「書畫」，是兩種同樣高深的藝術。可知外國文字只是實用的；而中國文字則於實用的之外，又兼為藝術的。這便是中國字的特色。……中國文字因有這個特色，所以中國人都應該學書法。我們切不可貪鋼筆鉛筆的簡便而廢棄原有的毛筆。須知中國的民族精神，寄託在這支毛筆裏頭！

——《書法略說》

# 桃花源記

晉太原中武陵人捕魚為業沿
溪行忘路之遠近忽逢桃花林
夾岸數百步中無雜樹芳草鮮
美落英繽紛漁人甚異之復前行
欲窮其林林盡水源便得一山山
有小口髣髴若有光便捨船從口入
初極狹纔通人復行數十步豁然
開朗土地平曠屋舍儼然有良田
美池桑竹之屬阡陌交通雞犬相

大空に蔽ふばかりの袖もがな
春咲く花を風に任せじ

願将大袖遮天日
莫使春花任曉風

後撰集巻二

古の事語らへば ほととぎす
いかで知りてか 古声のする

《源氏物語》

浩蕩離愁白日斜吟鞭東指
即天涯落紅不是無情物化作
春泥更護花
龔定盦詩
子愷書

書法：這一境域，位在藝術的園地的東部最深之處，地勢最高。風景最勝，遊客差不多全是中國人，日本人有時也跟着中國人上去玩玩。西洋人則全無問津者。雖説遊客全是中國人，但大多數的中國人，步到坡上就止步，不再上進。真能爬上高處，身入其境的人，其實也不很多。所以這在藝術的園地中，為最冷僻的區域。多數的遊客，還不知道園中有這麼一個去處呢。

——《藝術的園地》

大多數人寫字只求畫平豎直，清楚工整，便於實用；不講求筆情墨趣，間架佈局，以及碑意帖法等藝術的研究。因此，西洋人根本不知道有這一種藝術，中國人也多數不把它當作藝術看。尤其是到了現代，學校功課繁忙，社會國家多事。許多青年學子，沒有時間，或者沒有機會去認識、欣賞或研究這種藝術。又因為這是實用工具的緣故，被現代生活的繁忙加以簡筆化、實用化、通俗化，商業競爭又給它圖案化、廣告化、奇怪化……幾乎使它失去了原來的藝術性。現在我講藝術，首先提到書法，而且讚揚它是最高的藝術。

——《藝術的園地》

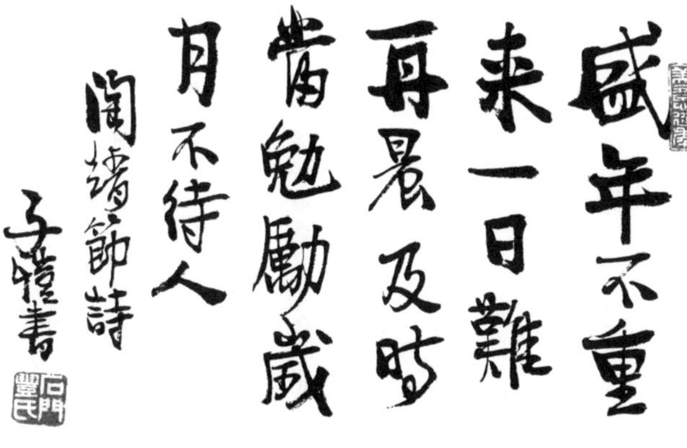
盛年不重
來一日難
再晨及時
當勉勵歲
月不待人
陶靖節詩
子愷書

中國自古有「書畫同源」之說。就是說描畫要參考書法的用筆，方才畫得出神氣。所以中國的畫家大都能書，書家大都能畫。畫要參考畫法；而書不一定要參考畫法。所以書法比繪畫更為高深。反之，繪畫比書法更為廣大。這就是說，在質的方面，書勝於畫；在量的方面，畫勝於書。這兩者在藝術中，一高一廣，都很重要。

——《藝術的園地》

看畫要當作書法看。字的裝法，筆的氣勢，墨的濃淡，是書法美的主體；音義與意思，則是書法美的輔助。看畫要取聽音樂的態度。

——《我對陶元慶的繪畫的感想》

書法，這是中國所特有的藝術。為甚麼中國特有呢？一者，外國人用鋼筆，書法藝術不發育。中國人用 brush（指毛筆。——編者），寫字就同描畫一樣。二者，外國文字用字母拼，就同電報號碼差不多，不容易作成藝術；中國文字有象形，指事，根本同描畫一樣，所以中國人說「書畫同源」。因此二故，書法是中國特有的藝術（日本也有，但前已說過，日本繪畫模仿我國，其書法也模仿我國，與我國全同）。

——《藝術與人生》

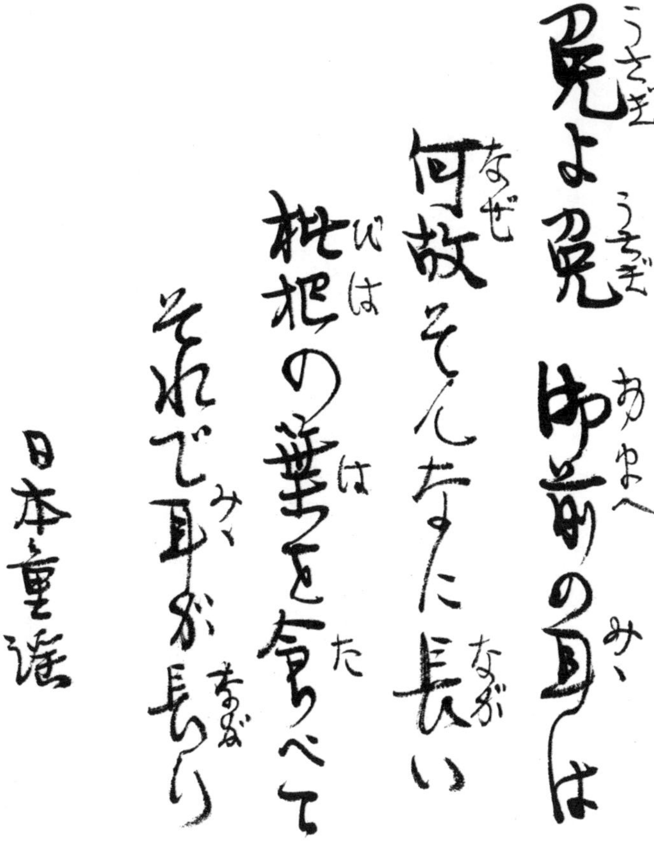
兎よ兎 御前の耳は
何故そんなに長い
枇杷の葉を食べて
それで耳が長い
日本童謠

兎子啊兎子，
你的耳朵怎麼這樣長？
因為吃了枇杷葉，
所以耳朵長得長。

書法與音樂，是藝術中最精妙的兩種。……用筆描寫有名目的形狀（例如畫一朵花），筆墨受形狀的拘束，難得自由發揮感興。反之，描寫無名目的線條（例如寫字），就可在線條本身上自由發揮感興了。表現有意義的聲音（例如作詩，作文），聲音受意義的拘束，難得自由發揮感興。反之，表現無意義的聲音（例如奏樂曲），就可在聲音本身上自由發揮感興了。在藝術的本質上，書法高於繪畫，音樂高於文學。

——《藝術的園地》

中國的金石，其好壞不在乎刻得工細與初草，卻在乎字的章法和筆法上。在數方分的面積中，作成一個調和、美麗、圓滿無缺的小天地，便是金石的妙境。中國人常把「書畫金石」三者並稱。因為三者有密切的相互關係。

——《藝術與人生》

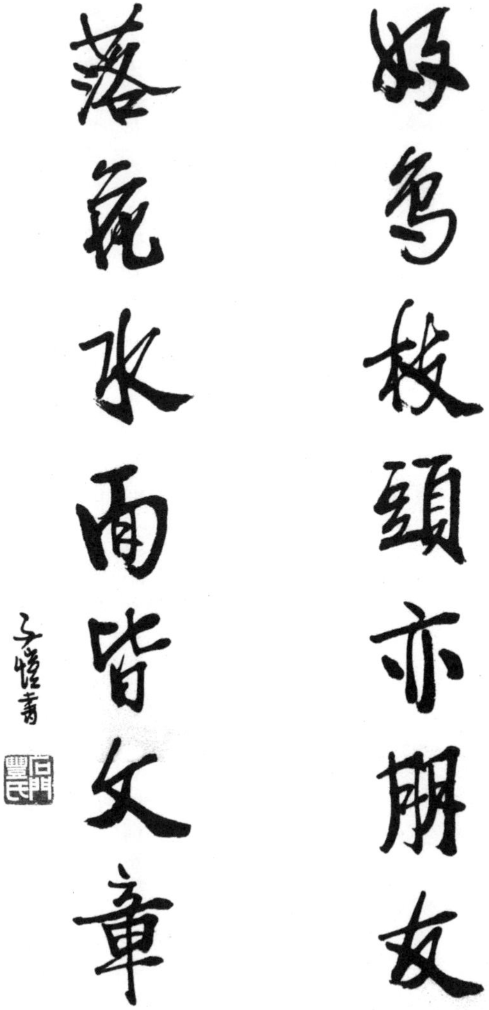
好鳥枝頭亦朋友
落花水面皆文章
子愷書
石門豐氏

我在寫字的時候，曾感到聲音的一種微妙的作用，也可以拿來旁證音語。我為人寫大字，喜擇一靜室，室內最好只留知我習性的一二人為助手或旁觀者，不喜歡有許多人同室。為的是他們要在我正在寫字的時候發出種種聲音，話聲，笑聲，步聲，以及物件移動之聲。而這種聲音的氣勢常與筆的運動的氣勢相衝突，使筆的運動受阻礙，因而寫字往往失敗。譬如正在寫一個字，半途有人咳嗽，或笑起來，或向別人提出一問。這種突然的，或昂奮的，或不安定的聲音，有一種影響達於我的心情，由心情傳到我的右手的筋覺，通過了筆桿而影響於所寫的字。又如正在寫一行字，半途有人突然起立出外，或推門入室。他們的動作氣勢也會影響到我的手頭。故我常想，寫字最好能有適當的時間，適當的地方，及適當的對手。這對手必須理解字的構造，又懂得我的癖性。他不妨說話，動作，做聲；但求他的言行的氣勢與態度，和我的寫字的活動相符合。譬如寫到很長的一直的時候，即使我的對手在旁大叫一聲，非但無礙，反而有助於我。

——《音語》

美國有一種專供習字用的蓄音片（指唱片。——編者）。當學生練習書法時，把這蓄音片開奏，一種特殊的節奏與音律，能暗助習字者的手的活動。……中文與西文構造不同。他們的字是符號湊成，寫的時候其動作能合於一定的節奏；我們的文字構造各異，每個字像一幅畫，恐怕沒有適當的音樂可以適合寫字的動作。

——《音語》

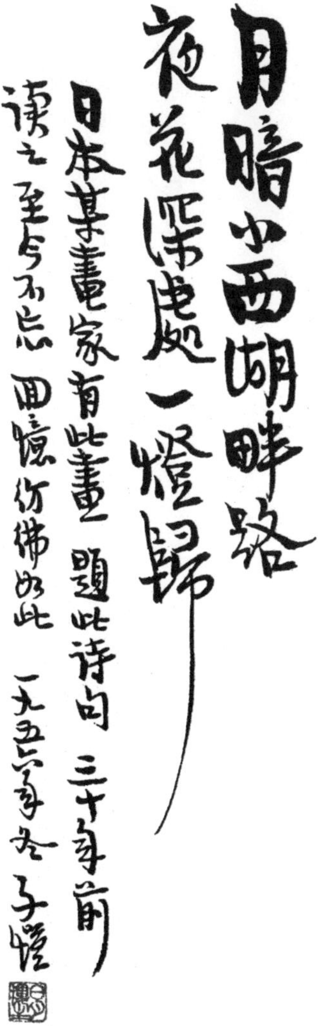

# 第六章

# 談詩詞

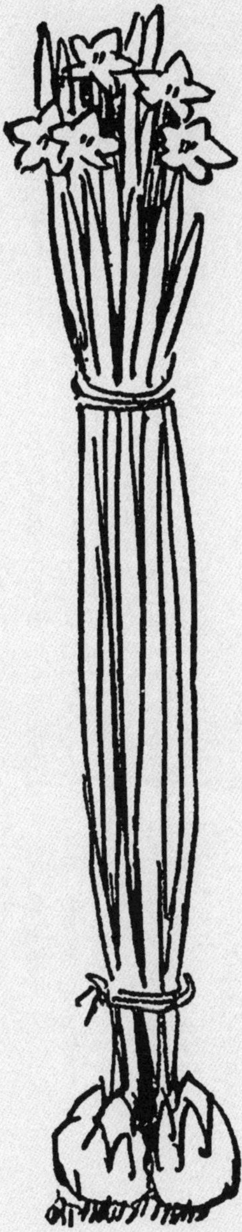

詩中用字的重複，是增加詩的音樂的要素的，即增加讀者的感覺美的。

——《藝術的創作與鑒賞》

畫家與詩人，對於自然景色作同樣的觀照。不過畫家用形狀色彩描寫，詩人用言語描寫，表現的工技不同而已。

——《文學中的遠近法》

醉心名利的人，如多數的官僚、商人，大概無常之慟的感情最弱。他們彷佛被榮譽及黃金蒙住了眼，急急忙忙地拉到鬼國裏，在途中毫無認識自身的能力與餘暇了。反之，在文藝者，尤其是詩人，尤其是中國的詩人，更尤其是中國古代的詩人，大概這點感情最強，引起他們這種感情的，大概是最能暗示生滅相的自然狀態。

——《無常之慟》

年豐便覺村居好
竹裏新添賣酒家
子愷
酒

此造物者之無盡藏也

今朝風日好或恐有人来

我覺得古人詩詞，全篇都可愛的極少。我所愛的，往往只是一篇中的一段，或其一句。這一句我諷詠之不足，往往把它抄寫在小紙條上，黏在座右，隨時欣賞。有時眼前會現出一個幻象來，若隱若現，如有如無。立刻提起筆來寫，只寫得一個概略，那幻象已經消失。我看看紙上，只有寥寥數筆的輪廓，眉目都不全，但是頗能代表那個幻象，不要求加詳了。有一次我偶然再提起筆加詳描寫，結果變成和那幻象全異的一種現象，竟糟蹋了那張畫。

——《漫畫創作二十年》

有時覺得畫可以不必描，讀讀詩詞盡夠領略藝術的美了。故我從詩詞所受的銘感，比從畫所受的更深。

——《文學的寫生》

詩人最懂得小中見大、個中見全的秘訣，最善於運用一件具象的小事來暗示抽象的大事。

——《具象美》

二十四番花信後曉窗猶帶幾分寒
子愷畫
緣緣堂畫箋

漫畫的表現力究竟不及詩，它的造型的表現不夠用時，常常要借用詩的助力，侵佔文學的範圍。如漫畫的借重畫題便是。

——《漫畫藝術的欣賞》

詩可以只用文字而不需插畫，但漫畫卻難於僅用形象而不用畫題。多數的漫畫，是靠着畫題的説明的助力而發揮其漫畫的效果的。

——《漫畫藝術的欣賞》

現在我苦愛他這首詩（指陸放翁的詩「苦愛幽窗午夢長，此中與世暫相忘。華山處士如容見，不覓仙方覓睡方。」——編者），覺得午夢不夠，要做長夜之夢才好。假如覓得到睡方，我極願重量地吞服一劑，從此優遊於夢境中，永遠不到真的世間來了。

——《夢耶真耶》

功成拂袖去
歸入武陵源
子愷畫
緣緣堂畫箋
TK, 1945.

舊時王謝堂前燕
1937 TK

欸乃一聲
山水綠
1941 TK

春水船如
天上坐
TK

我……覺得，別的事都可有專家，而詩不可有專家。因為做詩就是做人。人做得好的，詩也做得好。倘說做詩有專家，非專家不能做詩，就好比說做人有專家，非專家不能做人，豈不可笑？因此，有些「專家」的詩，我不愛讀。因為他們往往愛用古典，蹈襲傳統；咬文嚼字，賣弄玄虛；扭扭捏捏，裝腔作勢；甚至神經過敏，出神見鬼。而非專家的詩，倒是直直落落，明明白白，天真自然純正樸茂，可愛得很。

——《湖畔夜飲》

現在有些白話詩不講叶韻，就把白話寫成每句一行，一個「但」字佔一行，一個「不」字也佔一行，內容不知道說些甚麼，我真不懂。

——《廬山遊記之三》

我雖然做的是打油詩，對平仄聲卻很注意，因為平仄聲是中國文學特有的優良傳統。全世界別的國家都沒有平仄聲。平仄聲是中國詩文的一種特色。

——《我作了四首詩》

殿內匾額對聯甚多。我注意到兩聯，至今不忘。其一曰：「為惡必滅，若有不滅，祖宗之遺德，德盡必滅；為善必昌，若有不昌，祖宗之遺殃，殃盡必昌。」其二曰：「百善孝當先，論心不論事，論事天下無孝子；萬惡淫為首，論事不論心，論心天下無完人。」前者提倡命定論，措詞巧妙。後者勉人為善，說理精當。

——《酆都》

古語云：樂莫樂於性相知。但又云：衣不如新，人不如故。吾於友人實無分新舊，但覺送別總不如相見之高興。「山中相送罷，日暮掩柴扉。」讀讀也夠岑寂了，何況實行！但吾聞藝術的感人，強於現實。讀詩如此岑寂，實行恐亦不過爾爾。

——《教師日記》

選宋人詩教諸兒，內有一詩云：「青山不識我姓氏，我亦不識青山名。飛來白鳥似相識，對我對山三兩聲。」此詩用以教人藝術的觀照，最有效用。能於理智與實利的世界以外另闢一眼界，則世間萬物常新，處處皆美的世界。

——《教師日記》

禽鳥也知勤作室
啣泥帶得落花歸

待得來年
重把酒
那知無雨又無風
子愷
緣緣堂畫箋

做舊詩是好的，但我們只能學古人的文體「格式」，不可學古人的「思想」。（例如隱居、縱酒、頹廢、多愁、悲觀等都不可學。）

——書信《致菲君》

來信提及《秋興》八首，我嫌其太工巧，少有靈性表現，古人云：「李杜文章萬口傳，至今已覺不新鮮。」誠然。

——書信《致豐新枚、沈綸》

你熱愛詞……詞這種文藝格式，世間只有中國人擅長。日本人模仿漢詩，但不解詞。詩盛於唐，詞興於宋。可知詞是一種進步的文藝格式。古人稱詞為「詩餘」，實則乃詩之變格，言情更為細緻而親切也。我近讀《白香詞譜》，愛其「箋」。箋中有許多可愛的作品。

——書信《致豐新枚、沈綸》

在一片自然景色之前，未曾着墨的畫家，與未曾拈句的詩人，是同樣的藝術家。風景畫與寫景詩，在內容上是同樣的藝術品。故繪畫中有遠近法，文學中也有遠近法。

——《文學中的遠近法》

荷花嬌欲語
愁殺蕩舟人
子愷於西湖作
緣緣堂畫箋

# 後記

在最近一段時期的網路上，經常可以看到很多這樣的句子：「你若愛，生活哪裏都可愛。你若恨，生活哪裏都可恨……」「不是世界選擇了你，是你選擇了這個世界。」「大事難事，看擔當；逆境順境，看胸襟……」「心小了，所有的小事就大了……」「走正確的路，放無心的手。結有道之朋，斷無義之友……」「這個世界不是有錢人的世界，也不是無錢人的世界，它是有心人的世界……」「有些動物主要是皮值錢，譬如狐狸；有些動物主要是肉值錢，譬如牛……」「無愧於天，無愧於地，無怍於人，無懼於鬼，這樣，人生。」

這些話都是誰説的？豐子愷先生？大錯特錯了！我們查遍了浙江文藝出版社和浙江教育出版社於一九九〇年聯合出版的《豐子愷文集》中的所有文章，沒有找到這些文字，應該說這些是「偽豐子愷語錄」。豐先生確實有不少各方面的論點，有藝術方面的，有教育方面的，有音樂方面的，有宗教方面的，也有人生哲理方面的，而且，這些寫於上個世紀三十、四十年代的文字，大多數到現在還有切實的教育意義。比如，豐先生在一九三八年八月一日（距今正好八十年）發表於《宇宙風》雜誌上的《物質文明》一文中寫道：

> 「物質文明」決不可脱離了「精神文明」而單獨發達。兩者必須提攜並進，方能為人類造福。……倘兩者不能提攜並進，則與其使物質文明單獨發達，遠不如使精神文明單獨發達。因為精神文明單獨發達，不過生活樸陋一點罷了，人類尚得安居樂業。倘教物質文明單獨發達，則正義、公理、人道都要淪亡，而人類的末日到了！

相比「你若愛，生活哪裏都可愛」之類的「雞湯」文字，豐先生的文字旗幟鮮明，觀點明確，敍述簡樸，有條有理。沒有花哨噱頭，沒有嘩眾取寵，更重要的是，思想性也更加明確。

於是，我們有了編一本能體現豐子愷先生人生觀的小書的想法。正好豐先生的小女兒豐一吟女士也有同樣的想法並已付諸實施。她已年近九十高齡，利用閒餘時間從《豐子愷文集》中選取出近四萬字，分門別類一個字一個字地輸入電腦，還十分恰當地取名為《豐子愷話人生》。[1] 我們經過校訂與部份增刪，並配上豐先生早期的黑白漫畫，就形成了現在呈現在讀者面前的這樣一本書。本書所配的黑白漫畫有一百七十多幅，這些漫畫作品與所選文字創作於同一時期。有些畫讓人忍俊不禁，有些畫看了引人深思，其內容至今仍有現實意義。文字與大量漫畫集中於一書，是以往出版過的豐先生作品中很少採取的編排方式，希望能給讀者帶來新意。

豐先生是個多產的作家。除了最負盛名的漫畫，以及多語種的翻譯作品，豐先生還創作有許多散文以及藝術理論文章。《豐子愷話人生》就是從這些文字中篩選出來的。由於豐先生著述頗豐，從中選取能代表他的主要觀點並不容易，遺漏與不當之處在所難免，希望讀者多多提出寶貴意見。

**楊朝嬰　楊子耘**

二〇一八年八月三日

＊〈後記〉作者為豐子愷先生後人。

①本書繁體字版更名為《豐子愷人生語錄》，分為「藝術篇」、「生活篇」二冊。

www.cosmosbooks.com.hk

書　　名　豐子愷人生語錄：藝術篇
作　　者　豐子愷
編　　者　豐一吟
責任編輯　林苑鶯
美術編輯　郭志民
出　　版　天地圖書有限公司
香港黃竹坑道46號新興工業大廈11樓（總寫字樓）
電話：2528 3671　傳真：2865 2609
香港灣仔莊士敦道30號地庫／1樓（門市部）
電話：2865 0708　傳真：2861 1541
印　　刷　亨泰印刷有限公司
柴灣利眾街27號德景工業大廈10字樓
電話：2896 3687　傳真：2558 1902
發　　行　香港聯合書刊物流有限公司
香港新界大埔汀麗路36號中華商務印刷大廈3字樓
電話：2150 2100　傳真：2407 3062
出版日期　2020年4月／初版

---


ISBN：978-988-8548-53-8

本書由上海譯文出版社有限公司授權繁體字版出版發行